El Anorexia Bulimia Comer compulsivo
de los desórdenes alimenticios

El Anorexia Bulimia Comer compulsivo
de los desórdenes alimenticios

Guía práctica para adolescentes

ANDREA WEITZNER

EDITORIAL
PAX MÉXICO

COORDINACIÓN EDITORIAL: Matilde Schoenfeld
CONCEPTO CREATIVO PARA LAS ILUSTRACIONES: Andrea Weitzner
ILUSTRACIONES: Sergio Sáenz Canales y Sergio Sáenz del Castillo
FOTOGRAFÍA DE LA AUTORA: Foto estudio León Rafael, San Ángel, México

© 2007 Editorial Pax México, Librería Carlos Cesarman, S.A.
    Av. Cuauhtémoc 1430
    Col. Santa Cruz Atoyac
    México, D.F. 03310
    Tel: 5605-7677
    Fax: 5605-7600
    editorialpax@editorialpax.com
    www.editorialpax.com

Primera edición
ISBN 978-968-860-873-9
Reservados todos los derechos
Impreso en México / *Printed in Mexico*

Índice

Agradecimientos

A todos los seres que comparten
la aventura de vivir conmigo,
dándole a la palabra amistad
todo un nuevo sentido.

Andrés, Iliana, Pat, Diana:
su apoyo y fe en mí iluminó mi camino.

A mis mágicos niños Santiago,
Sebastián y mi adorada Belén
simple y sencillamente por ser.

Wina y Annie,
donde quiera que estén...
¡Lo logramos!

Dedicatoria

A todas las personas que perdieron la vida
en el laberinto de los desórdenes alimenticios.

Que sus testimonios iluminen el camino
a los que vienen detrás.

Nota importante de la autora

Dado que los medios masivos apodaron a la anorexia "Ana" y a la bulimia "Mía", en este libro se hace uso de esta terminología, con la finalidad de exponer la cara real detrás de estos personajes con los que la prensa de chisme jugoso *glamuriza* irresponsablemente el problema. Para homogeneizar el ritmo del texto, he creado un tercer personaje, "Conchis", para con ella hacer mención al síndrome del comedor compulsivo. Es importante que se comprenda que son sólo personajes creados para ilustrar un concepto.

A ti que leerás este libro...

Éste es un libro acerca de secretos y confesiones, construido a base de testimonios reales, el mío incluido.

Todo lo que leerás como anécdota, sucedió.

Aunque cada caso que narro lo menciono como una letra anónima, es vital que sepas que el testimonio ofrecido es o fue de una persona con cara, nombre y apellido.

Dado que dos de los casos que cito se tratan de amigas que murieron por desórdenes alimenticios, no puedo evitar sentir que este libro lo escribo en nombre de las tres, buscando dentro de mí lo que ellas te dirían si no hubieran perdido la vida, en la profunda esperanza de que tú salves la tuya.

En el nombre de ellas y el mío, por favor, ábrete a recibir ayuda.

No te duermas

Me encantaría poder decirte que una bola mágica de cristal me dijo todo lo que sé acerca de este rollo llamado desórdenes alimenticios... O que me inspiré y un día desperté iluminada con respecto al tema. Pero no, aprendí a la malagueña. Me quedé dormida y entré al laberinto..., cuando desperté, mi vida era una pesadilla.

En menos de una década, recorrí el A B C de los desórdenes alimenticios... Tuve un pie metido a fondo en la anorexia, luego el otro igual de profundo en la bulimia, y por un segundo, el dedo gordo del pie que saqué de la anorexia lo metí en la comedora compulsiva.

En menos de una década, me desgarré el esófago innumerables veces, me desmayé en un sinfín de baños públicos, perdí el conocimiento por un desequilibrio repentino de potasio mientras manejaba al volante volando a 120 km/h, causándome lesiones físicas y daños a la nación, (vaya que desquité mi póliza de seguro), casi me asfixio una noche por tragarme el cepillo de dientes con el cual me provocaba el vómito, dejé una larga lista de relaciones inconclusas, oscilé de un extremo físico de muy flaca a gorda y pasé varias noches en vela contemplando la posibilidad de quitarme la vida.

¿Me faltó algo? Ah..., sí, las cerezas del pastel: un internamiento por complicación renal, seguido por otro accidente automovilístico que me dejó temporalmente en silla de ruedas.

Ahora sí ya. Eso fue todo. Ah..., no, se me fue mencionar el dolor que causé a los que tuvieron que presenciar cómo me suicidaba poco a poco y día a día durante nueve años de mi vida.

...Tan trágico que podría ser cómico. Créeme que me he reído a carcajadas, pero antes de poder hacerlo lo lloré amargamente. Despertar a los 21 y aceptar que más de un tercio de mi vida se había ido, ha sido de las experiencias más duras que me he llevado. No se lo deseo a nadie.

El tiempo que se va no tiene regreso.

No te duermas.

Atajo legítimo

*Tú vas buscando la manera
de cómo salirte con la tuya*

...De comer lo que quieras sin subir un gramo. De vivir el reven, sin tener que enfrentar efectos secundarios, pero sobre todo, el no tener que enfrentarte a todos los cambios de la adolescencia.

Para tratar de convencerte de que eso es posible, vives en "tu rollo".

...En un mundo lleno de secretos; secretos acerca de tu inseguridad, enojo, culpa, temor a la sexualidad, la vergüenza, pero sobre todo, el pánico a crecer y el pavor a la gordura.

> De la noche a la mañana, todo lo que tenía sentido cambió. No sabes si vas o vienes o por qué vas haciéndolo tan rápido.

El autorrechazo, la confusión
y la ansiedad por llenar las metas
de un entorno inhumano te consumen...

No tienes la más remota idea de cómo llenar las expectativas que todo mundo parece tener de ti, y como no puedes controlar los repentinos cambios de tu entorno, haces lo que crees que sí puedes y...

...tratas de controlar los cambios
de tu cuerpo a toda costa.

A lo mejor comes para calmar tu ansiedad, y taco a taco vas callando tus sentimientos de autorechazo. Quizá eres de las que come y después vomita, corriendo de arriba abajo tras el siguiente atracón con el que se desquita... O quizá eres de esa minoría que ya de plano se autodisciplinó más allá de la última caloría.

No importa cuál de las tres seas, la verdad es que tú, literalmente,

darías lo que fuera por ser delgada.

La muerte de la anoréxica modelo brasileña Ana Carolina Restón, que realizó la mayor parte de su carrera profesional en México, te demuestra que la persona enferma puede ir de lo más "coqueta" en pasarela, con paso firme hacia su propia tumba.

Así es el mundo. Así lo hemos hecho.

Vivimos en un mundo en el que como te ven te tratan, donde las personas delgadas obtienen mayor respeto, y si no lo eres, ya valiste, la sociedad te trata como una perdedora-no-merecedora. Cruelmente nos medimos a nosotros mismos contra estándares irreales, y cruelmente hacemos lo mismo a los demás.

El laberinto de los desórdenes alimenticios ha sido construido a base de todas las mentiras que te compraste y que te dices para justificar todo lo que te haces en el nombre de la moda y "con tal de". Está lleno de falsas y mortales salidas, disfrazadas de "soluciones mágicas" que te darán el cómo convertirte en parte de lo que el mundo ya impuso como lo "bueno", lo "bonito", el "éxito".

Por obligarte a ser lo que nunca serás, empiezas el macabro juego mortal.

"Nunca pensé que me pasaría a mí" es la frase más popular entre todos los que a la malagueña nos dimos cuenta de que lo que inició siendo un pasatiempo y solución, era ya el infierno de la adicción.

Déjame ahorrarte dolorosos golpes, costosas y, en algunos casos, mortales caídas:

¡Sí puedes escarmentar en cabeza ajena!

No tienes que llegar al borde del precipicio para encontrar la salida. En este libro encontrarás las vivencias de muchas personas, para que veas la cruenta película desde afuera.

En nombre de los que ofrecieron sus testimonios y el mío, te mandamos toda luz para que encuentres tu camino.

Tienes toda tu vida por delante, ¡vívela en salud plena!

Para el uso óptimo de este libro

El libro tiene tres partes. La primera es teórica, para que entiendas qué es lo que te está pasando. Por medio de testimonios reales, tendrás la oportunidad de ver tus propios procesos de pensamiento. Verás que el lenguaje "anoréxico/bulímico/compulsivo" es mucho más común de lo que crees. Todo lo que te escondes a ti mismo lo verás en blanco y negro.

La segunda parte es la práctica.

Con la sustitución de patrones de pensamiento, literalmente trazarás nuevas rutas de comunicación contigo que te permitan ver lo que la enfermedad te está diciendo, y que tú te has negado a reconocer. Aquí abrimos la comunicación directa con los síntomas, para que rescates la enseñanza y sabiduría de la enfermedad y puedas trascenderla.

La tercera parte es reflexiva y de acontecimientos recientes, en la esperanza de que aprendas a cuestionar lo que todo mundo dice que es el camino del éxito.

Ten esto presente. La ayuda que aceptes pasivamente te servirá de poco, pero la ayuda que tú busques y en la cual te entregues salvará tu vida. La recuperación sí es posible. ¡Esto lo vamos a lograr!

Tú puedes trazar tu propio camino;
sí eres el arquitecto de tu propio destino.

Ser feliz, pleno, digno, saludable y valioso es tu derecho.

Ánimo... Lo mejor en tu vida está aún por llegar. Sé que tienes prisa. Sé que leer y estar quieto no es tu fuerte. Algún día tuve tu edad. Créeme que sí *agarro la onda*. ¿Qué tan rápido quieres lograrlo? Depende de ti, de nadie más.

PRIMERA PARTE:
EL DESPERTAR

Quitémonos las máscaras

El laberinto está hecho de peligrosos secretos y de mentiras piadosas; es el cáncer social de la "inofensiva" hipocresía y el aplaudido delirio de grandeza. Se dice que la belleza interior es lo que importa, pero la realidad es que se juzga sólo con base en las apariencias.

Ésa es la máscara que todos traemos y de la que nunca hablamos. Pero todos hacemos como que no lo hacemos.

¿Completamente confundida?

No tienes idea de lo que te está pasando... Te acabas creyendo que la felicidad se encuentra en una talla y sueñas con que "X" diseñador será capaz de disfrazar tu autorepudio y problemas de autoestima.

> Quizá estás segura de que controlar lo que comes te evitará tener que enfrentarte a los cambios y confusiones de la adolescencia.

¿Hasta el gorro de ser la gordita buena onda?

Quizá en el fondo sólo sueñas con ser delgada, para entonces *sí* tener el "derecho" a *no* ser tan buena onda como en realidad te gustaría. Tienes que esforzarte más que los demás. La gente asume cosas negativas de las personas con sobrepeso y positivas de la muy en forma.

No lo estás alucinando, la gente *sí* te trata diferente.

¿El mal de la niña bien?

Flash informativo: no más sala VIP.

Los desórdenes alimenticios ya no son el mal de la niña bien, que sólo afectan al género femenino, sobre todo a modelos, atletas, actrices y bailarinas. Son ya un mal popular. Le sucede a todo tipo de persona: hombre, mujer, niño, niña y de todos los códigos postales existentes. Ya perdió todo su glamour y exclusividad.

> Estás expuesta a una presión constante, por todas las vías de comunicación existentes, a una serie de mensajes que te hacen querer ser todo, menos tú misma; ésta es la trampa que te hace caer en el juego del perfeccionismo.

Esto es un fenómeno expansivo...

A menos de que vivas en una isla remota, aislada de todo y todos, o en la cima del polo norte donde la era inalámbrica aún no llega, créemelo, esto sí es tu rollo, y sí te esta afectando. En mayor o menor grado, directa o indirectamente.

La muy mala onda...

Actualmente, el nivel de recuperación real es muy bajo. Los que salen suelen ser casos extremos, donde la enfermedad o la vida misma pusieron un rotundo "hasta aquí", de lo contrario, la enfermedad es famosa por prolongarse –¡incluso décadas!

Malabarismo de problemas

Entre buenos y malos períodos; entre la entrada a una clínica y la salida de la otra; entre que más o menos llevas tu anorexia y mientras que te corren de la escuela; entre que más o menos balanceas tu bulimia y entre que rescatas las piezas de tu último noviazgo entusiasmándote con el que sigue se te pueden ir décadas de tu vida...

¿Quieres ser bombero?

Te convertirás en una apaga incendios... Corriendo a apagar toda la bola de desastres que irás creando, y para tapar el último, harás otro, y así te la puedes pasar, ¡tu vida entera!

¿...Al borde del precipicio...?

Eventualmente sentirás que no puedes más... Te confrontas ante la posibilidad de vivir o morir... Al principio hay angustia y dolor... Lloras por horas sin parar. Lo peligroso es cuando ya *no* puedes llorar; la idea de morir la ves hasta con cierta frialdad. Es cuando sabes que estás al borde del precipicio.

Flash informativo: El laberinto de los desórdenes alimenticios está lleno de todo, menos de un bonito desenlace.

No encontrarás nada de lo que buscabas, pero lo que sí te garantizo que te llevarás será una larga lista de complicaciones médicas; desde úlceras y osteoporosis tempranas, hasta paros cardíacos y renales; perderás el pelo y eventualmente los dientes, y en el proceso dejarás una amplia lista de sueños rotos y corazones partidos.

Matarte de hambre te llevará al delirio mental... y matarte de hambre por períodos prolongados en combinación con el uso de anfetaminas te llevará a un mal, mal viaje, comúnmente conocido como psicosis. **¿En la anfetamina número cuál empezarás a tener conversaciones profundas con el refrigerador?** Depende, según tu grado de resistencia.

Te aseguro que nadie que murió por desgarre de esófago se la vio venir.

Juegas a la ruleta rusa

Lo impredecible de la enfermedad es que nunca sabes si el siguiente vómito te matará. Sucede en principiantes, sucede en veteranos. No hay reglas.

Por favor, quítate la máscara y enfrenta la realidad. No puedes cambiar lo que niegas que existe. La aceptación del problema es dar el primer gran paso de salida, la mitad de la carrera recorrida.

Efectos secundarios

En el afán por ser modelos de perfección,
estamos volviéndonos de plástico y de cartón.
Entramos a un mal capítulo de ciencia ficción,
donde los senos naturales son reemplazados por silicón.
La capa de ozono es ya una ilusión,
y especies animales las mandamos a la extinción.

Lo *heavy* de la era *light*

Para satisfacer un mercado que idolatra la juventud y la belleza física por encima de todo, ha surgido una de las industrias más lucrativas de la actualidad:

La industria de la era light...

le da bonitos condos a bonitos cirujanos que ponen bonitos senos y panzas planas a una serie de pacientes que mordieron el anzuelo y se creyeron que Barbie podía ser real.

La era *light* ha lanzado una serie de productos que después de años de su uso nos enseñan lo nocivas que son para la salud. Básicamente, todos los endulzantes artificiales o productos hechos *light* por medio del uso de éstos como sustituto de azúcar son nocivos.

La era *light* crea productos y subproductos que virtualmente puedes comprar a todas horas y en todos lados: cremas reductoras, anticelulíticas, para la base de esto, para la punta de aquello, en todos los colores y sabores habidos y por haber; tintes que te vuelven la rubia que todos quieren o la pelirroja peligrosa y candente.

¿Crueldad a la moda?

Abre los ojos. Para que estos productos existan tuvieron que ser probados antes en un ser vivo: en tus amigos los animales; changos, perros, ratones, hamsters y demás. No tengo el estómago para describirte la crueldad existente en estos "laboratorios vivos".

> El hecho de que tú no le pegues a un animal no quiere decir que no le estés haciendo daño.

Por piedad, trata de reducir tu consumo de todos estos productos; trata de consumir productos producidos por aquellas empresas que no prueban en animales.

*Tu consumismo contribuye
a la destrucción del planeta*

El electroshock moderno

Leucotomía límbica

Para tratar de controlar el problema epidémico de los desórdenes alimenticios en el país y ofrecer "soluciones" a los pacientes que no responden a psicofármacos, se está recurriendo a métodos como la leucotomía límbica (conocida como psicocirugía), **practicada actualmente en el Hospital 20 de Noviembre**. En las palabras del doctor

El laboratorio vivo

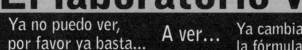

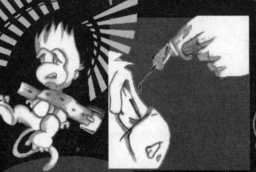

El hecho de que no le pegues a un animal no significa que no le hagas daño.

Manuel Hernández Salazar, jefe de Enseñanza del Centro Médico Nacional, el procedimiento quirúrgico consiste en "anestesiar al paciente de forma general para luego, con el apoyo de trépanos (instrumento para perforar el hueso), introducir un par de electrodos profundos al cerebro, los cuales aplican una serie de impulsos caloríficos (radio frecuencias) a los puntos encefálicos seleccionados, y así provocar lesiones (quemaduras), con los que es posible eliminar el origen de los trastornos psiquiátricos".[1]

!¿Quéeeeee tal?! Antes de siquiera pensar en eso como solución, entiende que no existen evidencias para comprobar que lacerar los puntos encefálicos seleccionados no dañará ningún otro aspecto de tu inteligencia o personalidad, que no quedarás "con las luces sólo medio prendidas". Vital también recordar que no se usa como método para el tratamiento de bulimia exclusivamente, sino como "solución" general a trastornos psiquiátricos.

Psiquiatría viene del latín "psique", que significa alma.

Amputar el problema sólo lo convierte en mutante.

Cuando el alma sufre, la mente y el cuerpo lloran. La esencia de la enfermedad no desaparece –por mil leucotomías límbicas que te hagas. Regresará y tomará otras formas, eso es todo. Es como el cáncer... que te lo extirpan de aquí, pero como tortuga ninja mutante, ta-tá, como por arte de magia vuelve a aparecer por allá.

---

[1] Héctor de la Peña, periódico *Ciensalud*, julio de 2006.

*Piénsalo, no una, por lo menos
cien veces antes de meterte en esto.
Sólo estarás cambiando un problema por otro.*

La vida buliversitaria

Como fue publicado en el periódico *La Gaceta*, las tuberías de acero galvanizado del drenaje de la **Universidad
Iberoamericana** sufrieron en junio de 2003 continuas
fugas de agua. Al hacer una revisión, los especialistas
detectaron que el problema se originaba en el baño de
mujeres.

Su conclusión fue que el ácido gástrico que se acumulaba
en los excusados, proveniente del vómito de cientos de
estudiantes bulímicas, picaba las tuberías.

Carla Arellano, nutrióloga de la clínica Eating Disorders
México, afirmó:

"desconozco la cantidad exacta de jugo gástrico necesaria para dañar una tubería, pero
sé lo corrosivo que puede ser, ya que llega a
provocar la pérdida de los dientes por descalcificación, úlceras y cáncer en el esófago.
No existe una media establecida, pero algu-
nas pacientes han llegado a vomitar varias
veces al día y por más de 10 años".[2]

Si el ácido gástrico proveniente del vómito es capaz de perforar una tubería de acero, ¿qué crees que le hace a tu esófago?

---

[2] Periódico *La Gaceta*, número 71, 19 de agosto de 2003.

Reality tv

La perfección del juego de la proyección

Analicemos por un segundo el fenómeno *Reality* tv, digamos, *Big Brother*. ¿De dónde viene una idea tan básica y elemental como hacer un show donde un desconocido es vuelto famoso ante los ojos de miles de desconocidos? Del deseo innato del ser humano de "querer ser alguien".

Te identificas con los personajes, que están en el show gracias a exhaustivos estudios demográficos. No fue suerte o accidente.

> Los medios masivos juegan con tus necesidades emocionales.

Observa a los prototipos: el güerito está saciando la necesidad de proyección de todos los morenitos del país y saciando el deseo de miles de chavas adolescentes. El morenito esta ahí porque según estudios demográficos, la población mexicana quiere, o dice querer, sentirse más orgullosa de sus raíces. La güerita delgadita está ahí porque los estudios indican que cierto porcentaje de los chavos quieren ver figuras como el artista "tal", y la llenita está para no dejar que todas las demás chavas se sientan fuera de la partida.

Así funciona este negocio.

Otro ejemplo es el show *The Swan* (El cisne), donde por medio de múltiples y dolorosas cirugías transforman a la patito feo en un cisne, despertando la esperanza irreal de todos los patitos feos del mundo, que para los estándares y demandas de belleza actual, eso sería básicamente casi todas las mujeres y jóvenes del planeta. El estudio

Orbach sometido al Banco Interamericano de Desarrollo demuestra que sólo **2% de las mujeres del mundo se sienten bellas y que "dan la talla"**.

No me digas; no me digas ni por un segundo que no te has comparado contra alguien y soñado con ser algo más de lo que realistamente puedes ser. Ves todas esas revistas... Te adormeces al televisor... Luego vas al baño, ya toda hipnotizada. Te ves al espejo, y lo único que puedes ver por unos instantes es esa parte de tu cuerpo que te choca, la que definitivamente te pone entre las patito feo de la población. Te clavas en esa parte: **"si tan sólo mis muslos fueran más esbeltos"**, lamentas frente al espejo; **"si tan sólo no tuviera este par de chetes"**, te dices mientras jalas de tus mejillas; **"si tan sólo pudiera pesar unos cuantos kilos menos..."**

Bueno, pues de esta serie de "si tan sólos" está hecho el *reality* show de los desórdenes alimenticios.

EL SHOW A B C

El show de los desórdenes alimenticios tiene tres actores principales:

A: Anorexia, "Ana" para los cuates

B: Bulimia, "Mía" para quienes no sabían su apodo

C: Comedora compulsiva, "Conchis" para fines de este relato

...Aunque entre ellas tres
no creen tener nada en común,
no se dan cuenta de que son
diferentes tonos de un mismo color,
diferentes estrofas de una misma canción.

Mientras que Mía es suelta y desenfrenada,
Ana es controlada y sistematizada,
y mientras que Mía siempre busca compañía,
Ana tiende a ser callada y aislada.
Conchis, confundida y devaluada,
se siente insegura porque es bien atascada.

Ana le da a la palabra disciplina
una nueva definición.
Mía le da a la palabra reven un buen sabor.
Conchis, sin una ni la otra, cae sólo en el atracón.

Aunque las tres se convencen
de que esto no es un problemón,
cuando abren los ojos ya tienen
un desastre cañón
y el suicidio tiende a ser
una atractiva opción.
....

Anorexia nervosa:
el suicidio sofisticado

ANA LA TIRANA

Ana se cree perfecta, la que todos quieren ser. Eso se dice día y noche; mientras brinca, baila, corre y se muere de la risa cuente y cuente calorías.

Pero en realidad ella es Ana la Tirana, la que condena hasta la última mordida de alimento: la analiza… la cuenta… la convierte en un castigo.

Kilo a kilo, caloría a caloría, poco a poquito, lento pero seguro, Ana va desapareciendo.

Lo que otros llaman obsesión, Ana lo llama disciplina, lo que los demás llaman terquedad ella lo llama dedicación.

Ana la Tirana le da a las palabras "maniática del control"

toda una nueva definición. De vez en cuando se le va el avión, angustiada y hambrienta le pide consejo a Mía, quien lista para consolar a su desesperada amiga, la lleva a ver a su cuate el atracón, y luego se purga –¡súper cañón! En su búsqueda de perfección no se da cuenta de que se está metiendo en un broncón!

Ana sin Mía no todo el tiempo aguantaría, ¿de qué disciplina se necesitaría para matarse de hambre las 24 horas del día?

....

Las tres caras de Ana la Tirana

Ana es multifacética. Su primera cara es la de la niña buena y disciplinada. La que le da a la palabra autocontrol toda una nueva definición. Ella sí sabe amarrarse el cinturón.

Anorexia restrictiva

Empiezas a entrar en la adolescencia... Todos los cambios de tu cuerpo te confunden tremendamente. No quieres dejar el cascarón de seguridad que la etiqueta de la niña buena te brinda.

> Todo lo que había tenido sentido en tu vida hasta ahora parece cambiar como una película en cámara rápida. No sabes si vas o vienes.

Ahí vas, con todas estas confusiones, haciendo lo que todos te dicen, y aunque te choca que te digan qué es lo que tienes que hacer, por otro lado estás de lo más a gusto, porque así no tienes que decidir tú.

la felicidad está en
la talla menor...
...me alimento de dolor.

Te gustaría poder imponerte, pero el pavor que te da dejar de ser la niña buena te detiene.

Haces como que les sigues el juego... Por fuera todo está bien, pero por dentro estás cada vez más molesta e incómoda en tu propio cuerpo, con un volcán interno que arde cada vez con más fuerza.

Te empiezas a sentir fuera de control.

"A las niñas chiquitas bonitas todo el mundo las quiere", piensas profundamente, y **"yo encontraré la manera de quedarme chiquita siempre"**, decides en algún rincón de tu fantasía.

Pero el volcán interno no se aquieta...

Para intentar callarlo, empiezas a fabricar elaboradas rutinas para todo: la de la hora del baño, la del atuendo del día siguiente, la de tu rutina de ejercicio, la de la tarea, pero tu favorita, la que gira alrededor de la comida.

"Quizá no pueda controlar todos los cambios externos", piensas confundida, **"pero lo que sí puedo controlar es mi propio cuerpo"**.

No supiste cómo ni cuándo, pero de repente, el contar calorías, multiplicar carbohidratos, recordar olores de ciertas comidas prohibidas y planear mil maneras de prepararlas se convirtieron en tus inseparables acompañantes mentales.

Y poco a poco tu vida se va volviendo cada vez más acerca de la comida: cómo prepararla, cómo acomodarla, a qué distancia debe ir el tenedor del plato, cuántas veces debes masticar cada bocado, pero tu super-favorita, cuántos bocados son suficientes.

Tu *hobbie* te va quitando más y más tiempo y, encima de todo, se le añade una preocupación más: cómo explicarle a los demás lo que haces y lo que dejas de hacer con la comida. ¿La tiraste otra vez o se la diste de nuevo al perro?, ¿la hiciste bolitas en la servilleta y la metiste en el suéter del uniforme?, ¿o sólo jugaste con ella en el plato?

La hora de la comida comienza a convertirse en un suplicio... Tienes que hacerla de ilusionista y cuenta-cuentos, elaborando trucos y armando historias para siempre encontrar la manera de que la comida desaparezca del plato, *sin* que tenga que pasar por tu boca.

Ufff... Aquí sí ya la cosa se te pone complicada... Mamá parece estar cada vez más al tanto de que no te comportas "como siempre" cuando estás en la mesa. Papá dice a cada rato que dejes de estar moviéndote de un lado a otro en tu asiento y que pares de hacer "jueguitos raros". Pasar la comida a la servilleta se va haciendo más difícil; el perro vomitó el espagueti que le pasaste el otro día; a la sirvienta se le salió y dijo que encontró el plato de comida lleno debajo de tu cama... Se te van acabando los truquitos. Te empiezas a poner muy nerviosa.

Pasar un bocado de comida es ya imposible. Se te atora. La excusa de "me llevo mi plato a mi cuarto para ir adelantando la tarea" ya no te funciona como antes. A tus padres ya se les metió en la cabeza que tienen que verte comer. Punto. Ya. Basta de juegos.

Haces el esfuerzo. Pasas dos o tres bocados y distribuyes el resto de la comida estratégicamente en el plato... Mamá toma el tenedor de tus manos y junta de nuevo todo lo que tú ya con tanto esmero habías separado entre lo que sí comes y lo que no. "No por repartir la comida en el plato se hace menos. ¡Termínatelo!", te dice ya enfadada, y con lágrimas de rabia te acabas tragando tu enojo junto con la comida.

Ya de regreso en tu recámara te sientes tan enojada que podrías explotar. Te obligaron a comer 8 bocados enteros de todo mezclado con todo. *¡¿Cómo pudieron?!* Y ahora, ¿cómo le vas a hacer? Tu tabla decía cuatro bocados de alimentos permitidos. Eso duplica la sesión de ejercicio al doble –y ya tenías una tarea atrasada. Tus padres no más no te ayudan a llegar a tus metas. Si sólo te dejaran en paz, tú solita podrías ver qué onda. Pero no, tienen que meterse en todo. Todo el tiempo. "¿Quiénes se creen? Y de cuándo acá tengo que escuchar cuánto puedo y debo comer, ¿según quién? No...., ésta fue la última", te repites refunfuñando mientras amarras las agujetas de tus tenis para salir a eliminar las calorías que te chutaste.

Aplicas tu rutina doble de ejercicio. Escurriendo en sudor te encierras en el baño. A ver qué nos dice nuestra amiga báscula. Haces el ritual de con y sin ropa. Con ropa: ¡alivio!, igual que en la mañana; sin ropa: *wow*. Tomas nota en tu diario: incrementar rutina ejercicio, con o sin infracción de bocados.

Satisfecha y llena de alivio te acuestas en cama a hacer tu tarea, pero la idea de cómo le vas a hacer mañana te distrae. *Más capas de ropa*, piensas, eso hará que la maestra te deje de hacer preguntas. *Vieja metiche*. A todos les gusta meterse en lo que no les importa, *o sea, helloooo??? Losers*. Todos.

No entiendes por qué mientras más ligera te conviertes, más pesada se te hace la carga escolar.

Te enfocas en tu tarea, pero cada vez te cuesta más trabajo concentrarte.

Aparte, mientras menos pesas más cuerda tienes. Sentarte un minuto a estudiar es imposible. ¡Qué desperdicio de preciada energía! Calorías y calorías pidiéndote a gritos ser quemadas y tú aplastada en el escritorio tratando de hacer tus ejercicios de álgebra que a ti en lo personal te importan un bledo. *¿De cuándo acá son tan importantes las matemáticas?* Sacudes la cabeza de un lado a otro... Los únicos números en los que estás interesada es en los que te da la báscula, quien poco a poco se va transformando de mejor amiga a oráculo mágico.

Tratas de enfocarte en tu tarea, pero los chipotes en tu corpiño que tanto te chocan interrumpen tu concentración. *Lo que no daría por volver a ser plana...* piensas con tristeza, *la vida era mucho más fácil entonces.* Nota mental: esconder chipotes con doble sudadera *baggy*.

Tratas de regresar a tu tarea, pero los retortijones de hambre no te dejan en paz. Contemplas la posibilidad de bajar a cenar, pero a más comida, más chipotes, y entre retortijones o chipotes, prefieres los retortijones. Esos nadie los ve. Ni tú misma. Y tú poco a poco con tu *superdedicación* encuentras la manera de dejar de escucharlos.

...Con esa misma dedicación sigues con paso firme...
Los días se convierten en semanas, las semanas en meses. La situación en casa se pone cada vez más tensa. Ahora tus padres ya no hacen preguntas, sólo acusaciones. Los platos de comida podrida siguen apareciendo por todos lados. Ya no eres tan buena escondiendo como ellos encontrando; ya no eres la ilusionista tan hábil que pensabas. Cada vez estás más rara, más metida en "tu rollo". Tu look de capa-tras-capa de ropa a tus padres les choca. Pero ellos no entienden que a ti tu look te importa un bledo. Tú no quieres ser de las bonitas de la clase. No quieres ser. Punto.

> Tú lo que quieres es regresar a la etapa de tu vida donde todo era seguro, confiable, predecible. Como no puedes, ya lo único que quieres es ser invisible.

Lograste callar al volcán interno
matándolo de hambre...

...Esos incómodos accidentes mensuales que sólo pasaron un par de veces jamás volvieron a suceder. Tú sigues encargando toallas femeninas en la lista del súper, aunque ya no sabes cómo deshacerte de ellas. Los chipotes son ya piquetes de mosquín, y tú, feliz.

Esa pelusita finita que a veces te sale en los brazos se ve raro. El apodo de "chapitas chinas" que te pusieron en el cole causó gracia a todos, menos a ti, pero te reíste. Reírse de las bromas de Leslie es requisito indispensable para pasar la prepa; pero, *¿qué me quiso decir con chapitas chinas?*, te preguntas echada en cama, *¿será por lo amarillo de mi cara?* piensas mientras haces un *check-up* en el espejo. Nota mental: cambiar de marca de maquillaje. Oriental *look out*, caribe *in*. Nada de rímel o esas cosas, sólo tapar eso amarilloso.

No entiendes por qué todo el tiempo tienes frío. Si estás de arriba abajo todo el día. Pero en el momento que dejas de moverte comienzas a congelarte.

A la goma con la tarea hoy. Ya llevas demasiadas atrasadas como para pensar que una más cuenta. Lo único que cuenta son las calorías del pedazo de manzana que quieres comerte. *No, no,* piensas angustiada, *mejor ya me duermo.*

Ya echa bolita en cama te sonríes a ti misma. Tu megaidea de poner esos pants sobre tus dos pijamas estuvo de diez. Ahora sí puedes conciliar el sueño. Los sudores helados de la noche son horrorosos.

El reloj dice que son apenas las 8.21 p.m. Qué raro..., el año pasado no podías quedarte quieta sino hasta pasada la media noche, pero bueno, lo importante es que ya terminó el día y puedes entrar a tu mundo libre de Leslies burlonas, donde no hay papá ni mamá reclamándote algo, tareas colgadas, sirvientas soplonas, ni comida por la cual preocuparte.

Anorexia NO restrictiva

ANA Y EL ATRACÓN

Es la perfección del sistema de autoinanición, sólo que con el eventual atracón-purgón. Matarse de hambre es ya su rutina de perfección, pero de vez en cuando el retortijón es cañón, es "débil", se come una manzana, y derrapa en el atracón.

Sólo un par de bocados... se dice muy segura, pero los sabores que los deseados carbohidratos soltaron en su boca le hacen perder la cordura...

Empieza comiendo a puños llenos todo cuanto puede encontrar, hasta que siente que tiene ir al baño a explotar.

¿Piensas hasta el último bocado?
¿Has tenido un proceso de raciocinio similar a éste?

Estás comiendo, mueves tu tenedor de un lado a otro, debatiendo profundamente si seguir al siguiente bocado o

si el último fue suficiente, o quizá incluso ya demasiado... Te angustias... Empieza al proceso de la toma de decisión. *¿Y si como un bocado más y me aviento un vomitín?*, consideras un par de segundos. *Pero también podría entrarle cañón y hacer un vomitón*, concluyes contenta. Sí, hoy tienes la casa para ti sola. Puedes tomarte tu tiempo. Total, a la goma con la clase, el maestro ni siquiera notará que no estas ahí... *soy invisible.... O por lo menos me encantaría serlo... bueno, y si le echo ganas y vomito bien igual y lo logro. Hummm... ¿con qué empiezo, dulce o salado?*

¿Envidias a C?

Ves a C entrar tarde a la clase, corta de aliento y con los ojos rojos como de costumbre. El profe no se la hace de emoción como a todos los demás cuando llegan tarde. Total, entre audaz comentario y buen puntacho siempre hace reír a la clase, incluso al maestro —en la mayoría de las ocasiones a su pesar. Todos se la pasan y todos se la perdonan. Es la que siempre se sale con la suya; la que te encantaría odiar, pero no puedes evitar querer, y la que muy en el fondo secretamente te gustaría ser, porque entre las cosas que se toma el derecho a hacer, está el de llegar tarde a clase a su antojo y placer.

Pero escucha la historia por medio del diario de P, una amiga lejana de C, la cual *tú* podrías ser...

Los retrasos se fueron a faltas, pero C se sigue viendo súper. Bueno, si súper es tu concepto de flaca, sí, súper. Eso seguro. La chava sigue cuero. Supercuero, porque dicen que hasta se hizo una lipo. Pero, no es mayor de edad, ¿cómo le pudo ver la cara al médico? y ¿de dónde sacó el dinero? No te puedes operar nada más así, o ¿sí? No, o bueno…, quién sabe, total, todo lo que decían que C no haría ya lo hizo. ¿Dará el nombre del médico? Estaría de pelísimos que el uniforme me colgara como a ella.

Estoy segura de que si mi llantita no estuviera ahí, entonces sí sería parte de las C del mundo. Pero, ¿de dónde sacar el dinero? Los papás de C viajan tanto que no se dan cuenta si les falta la lana. En casa papá no sale del clásico "hay que estar agradecidos de haber llegado hasta donde estamos", qué flojera me da mi jefe.

Lo que no daría por conocer al cirujano plástico de mis sueños, el que no sólo se casará conmigo, sino también me hará el cuerpo que siempre he deseado. ¿Por qué la vida no puede ser un bonito capítulo de telenovela? Deglutí todos mis chocolates lo más rápido que pude. Yo sí tengo que llegar a tiempo –aun no soy parte de las C del mundo. Rutina conocida. Cerré los ojos. Una, dos y tres, dedo a la garganta y fuera el lunch.

Todos saben que C llega tarde porque es una vomitona de lo peor. El rumor hasta ahora es que todos saben, pero ella no sabe que todos ya saben, o como que todos siguen haciendo entre que sí saben y no, o ya más bien quién sabe, lo único que realmente importa es que nadie lo sepa acerca de mí. Qué horror ser identificada en la escuela como una de las vomitonas jodetuberías. Papá y mamá ya se quejan de lo caro del cole, ¿y si me cacharan? No, forget it! Madrina segura! Keep it cool. Fuera de radares sospechosos.[3]

---

[3] Adaptación del relato "The 'Tiny C' Case. Dying to be Thin" de Ira Sacker, Warner Books, 1987.

¿Cóoooooooomo la ves? ¿Qué te dice este testimonio? La mayoría de las chavas admiran a las que van un paso más adelante en la enfermedad y el desenfreno; el eterno admirado y aplaudido: "ser bonita y delgada te da licencia para..."

Eso sí, siempre y cuando se sigan viendo bien.

Escucha la segunda parte...

La que todos querían ser fue la que todos olvidaron... Eventualmente a C se le invirtieron las reglas del juego horriblemente. Comenzó a subir de peso, se veía siempre hinchada y abotagada; de repente se veía flaca, de repente gorda; su cuerpo cambiaba y cambiaba tan rápido como ella de galán, hasta que no hubo galán que la quisiera, y por querer amarrar a uno, se embarazó.

C tiene ahora 20 años. Empezó con su anorexia a los 12, se embarazó a los 17, dio a luz a los 18, a los 19 abortó otro embarazo, días después intentó quitarse la vida. C pertenece a las chavas que uno pensaría lo tenían todo. Absolutamente todo. Menos una cosa: autoestima.

C aún está internada en una clínica, y sus padres, aún demasiado ocupados viajando, dieron a la bebé que nació con severa anemia en adopción.

¿Conoces a C? ¿Se sienta a lado tuyo en clase? ¿Es la que te gustaría ser?

Anorexia automutilante

El término "mutilante" lo dice todo.

La automutilación sirve como un sustituto o una extensión del atracón. La misma liberación que le da al bulímico el vomitar, es la que le da a la persona que se corta el mutilar.

Automutilación es la manera de autoinfligirse daño en el cuerpo sin la intención *directa* de suicidarse. Es un acto compulsivo el cual libera dolor emocional, enojo, ansiedad; es una manera de rebelarse contra la autoridad; una forma de jugar al riesgo y ejercer control.

> El hambre reprimida y el sistema de destrucción es tal, que la persona enferma no encuentra forma de salida a su sentimiento de "callada explosión" y se mutila para liberarse de él.

Esta enfermedad se desarrolla en la adolescencia, como manera de adaptación a todos los repentinos cambios del entorno, o como reacción a un trauma específico de la niñez.

Las personas que padecen de automutilación tienen por lo general una alta inteligencia y gran capacidad de manejar el dolor físico. Hay tendencias artísticas desarrolladas, o una sensibilidad superior al promedio. En la superficie son seres dedicados, enfocados y disciplinados, pero se vive en una constante hostilidad encubierta.

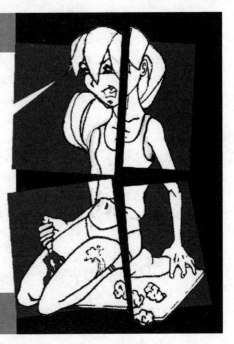

Necesito otra forma de explosión...

...sentir dolor es mejor que ya no sentir nada.

EL CASO D

Yo sólo me quiero ver bien, ¿cuál es el crimen?

D siempre había sido pasadita de peso y de buen apetito. Toda su vida. La llenita bonita, y mira, no es mentira, era una mujer en verdad muy bonita. Su hermana menor era bailarina de ballet, con un cuerpo naturalmente delgado y óptimo para dicha disciplina, pero no tan agraciada de cara. De hecho a D le decían con frecuencia que si se juntara su cara con el cuerpo de la hermana, no sólo tendrían a Miss Holanda, sino a Miss Universo. Era así de bonita. Ella decía llorando: "tú no sabes lo que es ser la gorda buena onda, la que todos dicen, ¡qué bonita! pero ¡lástima que tan gordita! Quiero saber lo que es entrar a una tienda y comprarme lo que yo quiera, sin tener que buscar tallas grandes todo el tiempo. Sólo quiero saber qué se siente ser parte de las exitosas…

"Querer llegar a ser delgada llega a significar tanto, que te da la fuerza para matarte de hambre. El deseo llega a ser tan intenso, que incluso puede hacer que olvides el dolor continuo de los agudos retortijones de hambre".

Y así, D dejó de comer.

¿Hasta dónde crees que llegó al paso de los años?

…Un día llegué a casa, ya entumida sin poder sentir nada. Tomé un cuchillo y me corté en el brazo. Me senté a ver cómo lentamente la afilada incisura se iba haciendo de transparente hasta roja por la sangre que empezaba a correr. Sabía que esa que sangraba era yo, que me había cortado, y no hacía nada por detenerlo. Estaba inmóvil. Respirando profundamente. Sintiendo el alivio…

Cuando llegó mi novio se horrorizó de verme sentada sangrando tan tranquila y como si nada. Cuando me pidió que le explicara por qué había hecho eso, lo único que pude responder fue: "sentir dolor es mejor a ya no sentir nada, es la única forma en la que siento que en verdad estoy viva".

Como en la superficie aparentaba ser de lo más normal, los médicos nunca la internaban, y peor aún, su seguro le negó la cobertura porque no estaba lo suficientemente delgada. Esto sólo incrementó su delirio de que no pasaba nada. No podía ser una anoréxica, cómo, si todavía aparentaba estar en buen peso; no podía ser una inadaptada social porque tenía un súper empleo. D era en verdad brillante. Pero D poco a poco se distanció de cuanta persona trató de ayudarla; no permitió que nadie se le acercara demasiado y la persuadiera de su meta.

Casi un año después, al ir caminando por la calle, vi lo que yo podría denominar como un cuerpo que ya tiene el alma semi-despegada. Era la flacura y el color tan anaranjado de la piel, pero más aún, era un aura que no te puedo describir, como si el cuerpo estuviese sólo prendido con alfileres... No tengo las palabras para decirte mi horror al ver que ese espejismo era D. No pude hablar. Me quedé tiesa. Ella se sonrió y se siguió de largo.

Por un momento dudé si había sido real lo que acababa de suceder.

A la semana siguiente me enteré que D había regresado a Holanda dos días después de nuestro "encuentro" en la calle. Nadie supo más de ella. Años más tarde se rumoró que había muerto.

Conozco casos tristes y casos como éste.

Lo que D nunca pudo ver acerca de sí misma, fue que era buena onda **no** porque fuera gordita. Su esencia era dulce, dispuesta a ayudar, con un gran sentido del humor, con una inteligencia altísima; hablaba cuatro idiomas, en tres de ellos autodidacta. Pero no hubo poder humano que la hiciera verse como lo que en verdad era. Aun siendo flaca –esquelética ya– seguía sintiendo la misma inseguridad, el mismo vacío, el mismo dolor, el mismo deseo desesperado de pertenencia, de ser digna de amor, cariño, comprensión...

Ella, al igual que tú, sólo quería verse bien.
Pero ahora contéstame tú,
¿en dónde está el crimen?

....

Síntomas comunes de la automutilación

Los síntomas de la automutilación varían, pero los más comunes son:

- Cortarse la piel con objetos filosos
- Escarbarse o quemarse la piel
- Rascarse o golpearse con la intención de lastimarse
- Picarse con agujas
- Golpearse la cabeza
- Presionarse los ojos
- Morderse el dedo o el brazo

- Jalarse el pelo
- Pellizcarse la piel

Consecuencias mentales de la anorexia

El matarte de hambre lleva al delirio mental. Tarde o temprano, pero lo hará. Tus conductas serán como las de un prisionero en un campo de concentración.

El hambre prolongada en combinación con el uso de anfetaminas al paso del tiempo te lleva a la psicosis. Perderás el contacto con la realidad.

> El cuerpo y la mente no reconocen la diferencia entre el hambre que es autoimpuesta, o la que le es impuesta por el entorno.

No sabrás ni cómo ni cuándo pasó.

Consecuencias físicas

1. Amenorrea (detención del ciclo menstrual)

2. Constipación y molestias abdominales frecuentes

3. Descalcificación (prolongada, lleva a la osteoporosis temprana)

4. Paro cardíaco

5. Paro renal

6. Anormalidades dermatológicas:

- Lanugo, un pelo fino tipo pelusa que comienza a aparecer en el cuerpo

- Coloración amarillenta/anaranjada debido a la presencia de carotina en la sangre

7. Pérdida del pelo y dientes[4]

Los daños invisibles, los daños mortales

"El riesgo más peligroso que se corre en la anorexia son las anormalidades de electrolitos y fluidos corporales. Estas anormalidades pueden resultar en la muerte. **Las más peligrosas son deshidratación y deficiencia de potasio**. Las deficiencias de potasio producen debilidad muscular, distensión abdominal, irritabilidad nerviosa, apatía, confusión mental, sensación de letargo y arritmia cardiovascular. Muerte a causa de falla renal o cardíaca puede ocurrir. Estos factores tienen más posibilidades de aparecer en anoréxicas que recurren al vómito y al uso de laxantes. Es común encontrar desbalances de electrolitos en individuos que aparenten estar relativamente bien. En muchas ocasiones, la muerte ocurre en pacientes que no parecían estar tan mal ni con un peso alarmantemente bajo".[5]

---

[4] También existen tendencias suicidas.

[5] Newman y Halvorosn, *Anorexia Nervosa and Bulimia: A Handbook for Counselors and Therapists*, Nueva York, Van Nostrand Reinhold, 1983.

Bulimia: el síndrome de la superchica

Jueves, 9 de diciembre

Me quedé dormida… Desperté a las 5:45 a.m. en vez de 5:30. Examen hoy. Tengo que darle. Tomé una ducha extra larga y extra caliente. Perdí todavía más tiempo, pero tengo tanto frío últimamente y los dolores de cabeza no se quitan… Maquillaje con la luz semi prendida –no soporto el espejo. ¿Guapa yo? Hummm, cuando los demás lo dicen, ¿será neta o lástima? P me lo dice porque seguro quiere entrarle al box, alias box spring, alias cama, alias acostón conmigo, y luego: ¡*ciao bella!*

6:30 Otro cigarro, más café, 15 minutos para repasar con los apuntes de F. Sigo sin encontrar los mío, creo que los perdí en el baño.

7:00 ¡Me revienta! Siempre hay que esperar a que abran la cafetería. Por fin, el desayuno. Empezó bien. Siempre empieza bien… pero dos bocados después de la dona siempre se me antoja algo más. Huevos, pan tostado, cereal, plátanos. Me volé la barda –como de costumbre! Me lleva la *shit*. Me llevé tres donas más en las bolsas. Fui al baño: ¡Todo pa' fuera!

7:30 Leí las noticias para el examen, me embutí las donax –baño y vómix.

7:45 Café y estudio. Tres cigarros, dos chicles.

10:30 Pausa y relax. Dos paquetes de galletas.

11:00 Almuerzo. Traje mis apuntes, di segundo repaso rápido. Dos sándwiches, pasta, helado, leche un poco de agua y vómix de nuevo. Baños atascados. No dejan vomitar a gusto.

12:00 Examen. Diez páginas –50 minutos. ¡Perro! ¡Perro! ¡Perrísimo! Ataque de pánico. "Tiempo, tiempo" gritaba el baboso, y yo incompleta en varias respuestas. *Whatever*. Valió m… Las respuestas las sabía, sabía más allá de todas las respuestas, ¡pero este tarado y sus políticas de tiempo! Quería gritar ¿o llorar?

1:02 Me paré mareada. A la goma con todo. ¡Rompan filas!

1:30 Llaves del coche… ¡arranquen! McDonald's, ¡atash cañón! Santa Clara, ¡golazo con tarjetazo! Centro comercial. Vómix de nuevo. Tanta gente me pone nerviosa. Me jalé la garganta con la uñas. *Tiendataque*: dos cinturones, unas medias, una bolsa, me sentí mejor, hasta que me senté en el coche y ya no tanto. ¿Pizza?

3:30 El queso ardiente de la pizza me quemó la garganta y ya de por si la traía mal –¡estoy cañona! ¿Hora de la comida o ya empato hasta la cena? *Cafe* del cole: rollos de canela, papa fritas, pie de plátano y una malteada. Baño, vómix. Encontré a S de nuevo, ella es de las vomitonas vespertinas –¡seguro! Las dos nos hicimos como que no oímos nada. *Cafe*, sección de fumar: cuatro cigarros.

5:30 Vips. Pie de queso, pie de nuez, dos malteadas. Baño, vómix. Cambio a mesa de ventana. Dos cafés dos cigarros.

5:45 Cajero.

6:50 Llamó P… Golf o vómix, golf o vómix. Golf. Faje –segunda base. Golfotota que soy. Dice que le gustaría conocerme más, pobre iluso, ¡no tiene p… idea de lo que está diciendo! Vaya forma de cajetearla.

8:00 Dona camino a casa. Tacos y tres malteadas.

8:20 Mensaje de texto de P. ¿Que cuándo lo volvemos a hacer? ¿Qué onda con este gu…?

8:40 *Refriataque*. Un litro de leche, el paquete de pan, la mermelada, la nutela de la despensa (recordar reponer antes de que empiecen con los "quién se comió y no repuso" que alucinas).

9:00 Baño vómix. Sola en casa.

9:30 Respuesta a P: "después te digo".

10:10 Cansada a cama, mejor ni ver la báscula hoy. Qué flojera despertarme mañana, o cualquier otro día.

Qué flojera despertarme. Punto.

Siguiente semana

Resultado del examen. *¡Surprise!* Diez. ¿Cómo? Si le faltaban cosas. ¿Será que el perro este sabe siquiera leer? ¿O sólo califica la bonita letra?[6]

Anónimo

··

Esta chica de 19 años es la definición de la compulsión en el desenfreno absoluto. No es descabellado. Éste es, de hecho, un día "promedio" registrado en pacientes con bulimia avanzada. El día siguiente es igual, pero en vez de arrancar en la *cafe* de la buliversidad, fue en McDonald's, y el examen de geografía, fue el de matemáticas.

---

[6] Adaptación de Diario de una Bulímica en *Anorexia Nervosa and Bulimia: A Handbook for Counselors and Therapists*, p. 43.

Atracón-purga: de amigo secreto a único amo

Antes de que decidas que el ciclo atracón-purga funge como un chocho mágico que mata varios pájaros de un tiro, entiende que lo que tú crees que es un medio para llegar a un fin, es un fin y no un medio. No es trabalenguas.

> Toda bulímica empieza con hacerlo sólo una vez. Pero siempre existe otra, y luego otra más... la bulimia es el juego de nunca acabar.

Pregúntaselo a cualquier veterana. El "cómo fui de hacer algo para controlar mi cuerpo, a cómo empezó mi cuerpo a controlarme a mí". Por eso es un trastorno, uno que eventualmente te hará hacer cosas y llegar a extremos que sólo en una pesadilla hubieras imaginado.

Nunca sabrás cuándo diste el paso de un punto a otro.

Mama Mía...

¿Quién es mejor?
¿Tú escondiendo o tu mamá buscando?

Tú y tu mamá juegan un juego del que no hablan, pero que a las dos las tiene de lo más entretenidas... Tú cierras tu cuarto con seguro, pero sabes que ella tiene la llave. Los laxantes que vas turnando de lugar siguen desapareciendo. Tú no te quejas, sólo compras más y vas convirtiendo tu coche en una farmacia ambulante. Ella niega meterse en tus cosas, pero no para de hacer preguntas.

¿Cómo creerle cuando sus peripecias a la 007 claramente te demuestran que lee tu diario? Hacerle perder la poca paciencia que tiene es divertido para ti. Meterse en tus asuntos es divertido para ella. Pero es sólo cuestión de tiempo antes de que este juego pierda el chiste y empiece a ser alucinante para las dos.

¿Aunque estás segura que le gustas a alguien, esa persona no se te acerca?

En buena onda, ¿crees que los chavos en verdad se sienten atraídos por alguien que por más que se lave, por más que se limpie, aun así huele a vómito? Un día dos amigos míos se comentaban: "aunque L se bañe me da la impresión que está sucia y, aunque está guapérrima, como que nomás no. La veo de lejos y me digo, ¿estás loco?, ¿qué estás esperando? Una vez que estoy cara a cara con ella no me gusta. Es la cosa más rara, pero lo único que quiero cuando me acerco a ella es volverme a alejar". Sé que esta chava de la que mi amigo hablaba es bulímica.

El galán no tiene registrado este dato a nivel consciente. No sabe ni por qué, pero aunque sí le gustas mucho, nomás no se atreve.

El olfato es, de todos lo sentidos, el más conectado al instinto primitivo; es precisamente el que despierta el deseo. Es tan inconsciente, que ni siquiera lo registras. Sin embargo, eso determina tu atracción o repulsión. ¿Cuántas veces no te has sentido atraída por alguien que nunca hubieras imaginado, el más lejos de ser "tu tipo"?

La vida dentro de la prisión mental de Mía la arpía

Puedo darme mis escapadas y salirme con la mía...

Quizá tú estés convencida de que atracarte y luego purgarte pueda ser la manera mágica para poder comer todo lo que quieres y aun así mantenerte delgada. O a lo mejor crees que purgándote después de comer es la forma de perder peso y poder entrar dentro de esos jeans *tan* especiales, y una vez que lo logres, todo en tu vida estará bien. Haces dietas estrictas, a veces te matas de hambre.

La verdad es que ya no aguantas. Qué flojera estar contado calorías, ¿o eran las grasas ahora?, ¿o se evita mezclar los carbohidratos? No. Ya. Basta.

Tú no querías, pero lo intentas una vez, y *wow,* ¡funciona!

> Luchas entre las dietas que te sigues poniendo porque nunca te dan el resultado prometido, y la posibilidad de hacer "eso" que todos hacen.

Es cierto. Puedes, como dicen todos, meterte el dedo y guacarear. No era cuento. Efectivamente, funciona. Sí, guácala, pero, ¿qué otra forma hay para poder comer algo rico en la cantidad que quieres sin subir de peso?

No puedes creer tu aparente buena fortuna. Esto no era tan malo como pensabas. "Valió la pena brincar ese miedo", te dices satisfecha contigo misma. En este alivio nace tu mentira favorita:

Ésta es la última vez que vomito

"Sólo esta vez y ya", te dices respirando profundo y limpiando las evidencias de tu ahora gran amigo y confidente secreto. ¡Qué alivio!, ahora sí ya puedes respirar. Es horrible sentir la ropa tan apretada. "Tener esta opción para de vez en cuando no está mal", te dices contenta.

No estás segura si vomitas en realidad "todo" lo que te comes, y te metes laxantes, ahí por si las dudas.

Pero tu *hobbie* de "de vez en cuando" se va volviendo más y más demandante. Los atracones son cada vez más desmesurados y las purgas cada vez más severas.

Sólo quieres estar segura de que no haya trazas de tus atracones en ningún lado. Como te sientes de repente fofa, añades el eventual diurético que te quite lo "hinchadita". Comienza el daño físico irreversible...

Sabes que no es normal... lo que no sabes es cómo explicarte a ti misma por qué haces lo que haces y por qué lo haces tan rápido. Así nace:

El autoengaño

Es el "no pasa nada"; estás segura de que eres la excepción a que el rollo atracón-purgón se saldrá de control. Neta, tú sólo vomitas cuando quieres. Las complicaciones médicas y muertes recientes de modelos que seguramente escuchaste y leíste por todas partes sí suceden, pero no te sucederán a ti.

Te lo repites todo el día, sobre todo cuando te estás limpiando del último explotón, ya *relax,* ya tranquis de ver que sí sacaste todo lo que deglutiste, o si no todo, casi... bueno, igual y sí debiste de haber dado un par de jalones más, pero viste que te estaba saliendo sangre del nudillo, o ¿era de la garganta? Pero, qué flojera estar averiguando.

La rutina del camuflaje

...Te lavas las manos de inmediato. Un par de rasponsillos... digo, cosita de nada. Ya. Te suenas bien. Te peinas, corriges el delineador corrido... Chin, el rímel también, ¿qué *pex*? O sea, ¿*helloooo*? Acaso ningún rímel es *vomitproof*? ¿Qué onda con los dizque cosméticos siempre al tanto de las necesidades de nosotras?

Flash informativo:
mercadólogos dizque expertos,
¡son unos mediocres!

Volteas a ver tu reloj... Chin, también se te escurrió hasta la manga... Arghhhh..., esto ya está de megaflojera. Interrumpes tu rutina de camuflaje, "la clase que viene no es tan importante, creo que ahí es donde menos faltas tengo", piensas mientras te ves al espejo de nuevo. "Mejor me espero antes de limpiar mi manga y me doy segunda vuelta. Pero, qué desperdicio de rímel... bueno, ya no importa, mejor así maquillada para evitar sospechas.

Entre atracón y atracón piensas en cómo extrañas el efecto inicial del café; antes te ponía nerviosa, ahora lo tomas por litro, y no parece surtirte ningún efecto. Por ahí alguien te dijo que hay un "médico", uno de esos que te da pastillas con receta. No sabes qué hacer..., pero total, ya te atreviste a hacer muchas otras cosas que pensaste que nunca harías, y bueno, si el médico las da, ¿qué tan peligrosas pueden ser? Y de repente...

WOW... lights back on, baby! Ahora sí..., ahora sí vas a poder. Lo ves con claridad mágica. El cerebro lo traes a mil por hora. Tienes toda la cuerda, te sientes en la cima del mundo.

> El *high* de la anfetamina te lleva después a un bajón que sientes que sin esa píldora mágica ya no puedes hacer nada.

Talla de mis sueños..., ¡aquí voy! Te dices con euforia incontrolable.

Y así, entre el *high* y el *low* de la anfetamina, entre el laxante y el diurético, y entre que sigues sin poder manejar un minuto del día sin comer, o pensar en comer, desde dónde hacerlo, o cómo evitar hacerlo, dónde esconderte, hasta qué contar si alguien te ve, tú sientes como que esto ya no es ni tan divertido, ni tan mágico, ni tan inofensivo como parecía.

La protección de tu secreto

Esto es lo más importante para ti: nadie puede saber qué haces... Pero lo difícil es llevar la cuenta de tu propio cuento... Has dicho tantas mentiras, que ya no sabes bien cuál es la verdad o qué le dijiste a quién y cuándo. Lo único que sabes es que vas descarrilada, cada vez necesitando más y más para tapar menos y menos.

El eterno vacío

Los vacíos no se llenan, por eso son vacíos. Tarde o temprano te darás cuenta de que no existe cantidad de comida alguna que tape tus vacíos afectivos y fríos emocionales, ni purga lo suficientemente severa que expulse de ti todo el dolor e ira reprimida.

Ésta es de las lecciones más brutales de la enfermedad. El ver con tus ojos la cantidad de bultos y bultos que puedes comer, y aun así, sentirte vacía, tan llena de vacío, que tienes que ir al excusado a explotar.

Quizá luego, acostada en cama, pensarás en lo que toda esa comida pudo haber alimentado a alguien más, alguien que sí lo necesitaba, que sí moría de hambre genuina. Recuerdas las caras de hambre que has visto en todos aquellos rincones olvidados del mundo... Tratas de bloquear el mal rollo de todo. Das vueltas en la cama. Te levantas inquieta al baño. Pequeñas trazas de tu último vómito aun frescos en el lavabo se sopean con la pasta de dientes que dejaste abierta. Te ves al espejo. "¿En qué me estoy convirtiendo?", te preguntas aterrorizada.

Nunca sabes si en este "último vómito" perderás la vida

Es así de fácil. No se sabe. Tienes que entender que no hay manera de predecir cuándo la garganta reventará; no hay manera de saber si el siguiente vómito es el que te matará. Eso es lo impredecible de la enfermedad, lo macabro de este juego de azar. Le puede pasar a cualquiera y en cualquier momento.

> Nadie que murió por ruptura de esófago pensó que le pasaría a ella, te lo garantizo.

Según el Dr. Ira Sacker, director del Programa de Desórdenes Alimenticios en Brookdale Hospital:

> El sistema digestivo puede ser permanentemente dañado por la destrucción ocurrida durante un sólo episodio de purga severa. Es vital darse cuenta de que no hay manera alguna de predecir cuándo una persona ha llegado al punto en el que su esófago reviente a causa de la tremenda acidificación gástrica.

"El desbalance bioquímico en combinación con la violencia en el proceso digestivo implementado tiene consecuencias desde desfigurantes hasta fatales.

"Tengo pacientes con esófagos desgarrados a pesar de haber caído en el ciclo atracón-purga por un breve período.

"En cuanto a las úlceras estomacales, es común que el paciente busque ayuda médica sólo hasta que el dolor físico de la gastritis sea ya insoportable. Por lo general, el 80% de los casos ya tienen úlceras y lo único que seguimos sin determinar, es por qué en algunos éstas se forman en fase tan temprana de la enfermedad, mientras que en otros se manifiestan después de años.

"Lo mismo aplica a las consecuencias cardíacas. Existen pacientes con severa arritmia cardiovascular desde los inicios de su enfermedad; otros, por drásticas pérdidas de potasio, entran en arresto cardíaco y ya no pueden ser salvados. Sucede en los principiantes, sucede en los veteranos. No hay reglas."

Mía también se automutila

Aunque las conductas automutilantes son mucho más predominantes en la anorexia, también se dan en la bulimia. En estos casos, la mutilación sirve como el eventual sustituto del ciclo atracón-purga, convirtiéndose en una forma de autodestrucción alternativa.

Consecuencias físicas y mentales

Además de la depresión paulatina o repentinamente creciente, y la muerte por causa directa o indirecta (automovilística, por desmayos mientras se va conduciendo, con o sin mezcla de alcohol, laxantes y diuréticos), los siguientes daños físicos son comunes:

- Cara, manos y pies hinchados
- Dientes: desde corrosión de esmalte hasta pérdida de piezas
- Descalcificación
- Esofagitis, desde desgarro hasta ruptura, **causa de muerte**
- Fallo renal, **causa de muerte**
- Fallo intestinal (estreñimiento constante debido al abuso de laxantes)
- Hernias hiatales
- Indigestión crónica

- Infecciones urinarias y vaginales

- Pérdida del pelo

- Desbalance de potasio y electrolitos, **causa primordial de muerte junto con suicidio**

Enfermedades derivadas de:

- Candidiasis

- Cáncer de esófago[7]

¿Cómo saber si estoy enferma?

Si tienes:

a. Episodios de atracón recurrentes (consumo rápido de cantidades masivas de comida en un tiempo corto, por lo general menos de dos horas) con las siguientes características:

- Consumo de comida alta en calorías

- Aislamiento durante el atracón

- Finalización del atracón como resultado de dolor abdominal, sueño, interrupción por alguien que llega o vómito provocado

---

[7] *Ibid.*, p. 36.

b. Intentos repetidos por bajar de peso mediante dietas restrictivas, vómito inducido y uso de laxantes y/o diuréticos.

c. Constante fluctuación del peso en más de 5 kg debido a la alternancia entre atracón y ayuno.

d. Conciencia de que los hábitos alimenticios son anormales y temor de no poder dejar de comer voluntariamente.

e. Depresión y pensamientos autodevaluatorios y suicidas posteriores a la purga.

Anorexia/bulimia varonil

El número de personas con anorexia y bulimia masculina se ha triplicado en la última década.

Me imagino el infierno en el que debes de estar viviendo... No lo estás soñando. La gente trata diferente a las chavas con desórdenes alimenticios que a los chavos. El asociar a un hombre, ya sea anoréxico o bulímico, con la homosexualidad es una preconcepción común.

Por evitar este tipo de conjeturas y "etiquetas" sociales, las personas afectadas se convierten en expertos en ocultar su problema; como suele ser el caso, la mayoría de los chavos lo consiguen, y la interven-

> Los desórdenes alimenticios son conocidos como el secreto mejor guardado, la enfermedad del clóset; las víctimas lo esconden a toda costa.

ción médica llega cuando la enfermedad está demasiado avanzada, disminuyendo drásticamente las posibilidades de recuperación.

S, el niño dorado de papá

S creció en un hogar de clase media alta. Su familia era el prototipo del *American Dream*. El "cuadrito perfecto"... Claro, visto desde afuera.

S era el hijo menor y el adorado de su padre. Debido a un alto coeficiente de inteligencia detectado desde su temprana infancia, a S le impusieron las expectativas de ser un reconocido académico universitario. Su padre, el ministro local de la iglesia, era un ejemplo viviente de lo que las palabras "voluntad de hierro" significan, e impuso en sus hijos la dura mano de la disciplina.

S creció con sentimientos de culpa alrededor de todo aquello que le daba placer. El camino estricto y rígido de su padre le inhibieron su habilidad de aceptar el placer como algo natural, ya fuera el goce de un juguete nuevo, o lo dulce de una golosina, el mérito de sus conductas ejemplares, o lo ordenado e impecable de su cuarto.

Como es de esperarse, las calificaciones perfectas que S traía a casa no eran motivo de celebración. "Dios te dio inteligencia", le decía su padre, "sacar diez es lo mínimo que puedes hacer por Él".

S complació y sobrevivió con callada timidez las altas expectativas de su entorno, hasta que llegó a la adolescencia.

Enfrentando el temor y los cambios de la pubertad, comenzó a preocuparse en extremo por su apariencia física. La gordura siempre fue criticada abiertamente por sus padres, y lo último que S quería era dejar de ser el niño dorado y convertirse en un gordo repudiado.

S ya había escuchado que las niñas de su salón vomitaban, pero eso era algo que sólo las niñas hacían. El temor profundo de no seguir siendo el niño dorado lo llevó a matarse de hambre y a vomitar, librando la barrera mental de que eso era sólo un "asunto de mujeres". Su anorexia pasó aparentemente desapercibida, aunque su peso siempre estuvo debajo de lo normal. Cuando a S se le dispararon las hormonas y el interés sexual, sintió que ésa sí sería su condena de muerte final. Buscando callar el volcán infernal, comenzó a consumir litros y litros de helado sin parar, para luego hacer lo que desde niño había aprendido: vomitar.

S, teniendo la súper inteligencia que tenía, invirtió sus neuronas en mantener su secreto seguro. Su bulimia adolescente nunca fue descubierta.

Cuando entró a la universidad, su peso era ligeramente por debajo del normal. Él, convencido de que había encontrado la manera de comer a sus anchas sin subir de peso, decidió que a los que les pasaba algo por vomitar, era porque no lo sabían hacer bien. Él sí. Y siguió...

La gente comenzó a decirme que me veía mayor. Cuando me di cuenta de que comencé a perder el pelo, me preocupé, pero después me resigné; finalmente, la calvicie es un mal aceptado, la gordura no. Cuando mis jeans me empezaron a quedar largos (no grandes, largos), me comencé a preocupar de nuevo, pero decidí ignorarlo.

Una tarde, al salir de clase, pisé la banqueta en falso y caí al suelo. El dolor en mi espalda me paralizó. Fui llevado a urgencias de inmediato. Los rayos X de mi columna indicaban que dos de mis vértebras estaban seriamente lastimadas. El médico me dijo que el problema era producto de una descalcificación brutal, resultando en una temprana osteoporosis vertebral. Perdí casi 6 cm de estatura, ya que mi columna perdió la capacidad de "sostenerse" por la descalcificación experimentada durante tantos años de desnutrición. La lista de malas noticias parecía no terminar… Me enteré de que necesitaba cirugía para "enderezar" el problema resultante de mi tonto tropezón.

Lo peor, y más bochornoso, sin embargo, fue la pregunta del millón de dólares: "¿Se provoca usted el vómito?" Sudé miedo al sentirme descubierto, pero sudé pánico cuando escuché que no sólo tenía dañada la columna, sino también arritmia cardiovascular aunada a osteoporosis temprana. Básicamente, fue escuchar que tenía el cuerpo de un anciano. A mis 23.

La cirugía de columna vertebral es la experiencia más infernal que conozco. La salida de la anestesia fue la entrada a un dolor que me hacía pedir a gritos la muerte. Estuve fuertemente sedado durante las dos semanas de hospitalización. Tuve que aprender a caminar de nuevo.

Llevo 7 años en psicoterapia, entendiendo cada vez mejor cómo fue que todo esto sucedió. Lo primero que mi padre asumió de mí cuando le dije que la condición de mi columna era consecuencia de mi anorexia infantil y mi bulimia juvenil fue que era homosexual. Me tengo que reír cuando recuerdo su cara de pavor al hacerme la pregunta: "¿me estas diciendo que eres gay?" Gracias a mi terapia tuve por primera vez la seguridad en mi mismo para decirle a la cara: "no, ni a gay llego, papá. Soy asexual. No me interesa nada, tengo demasiados complejos de culpa alrededor del asunto "placer" y sexo, y por ahora tengo las manos llenas buscando solucionar por qué me hice lo que me hice con tal de seguir siendo "el niño dorado de papá".

Veo a mis padres de vez en cuando... Hay heridas que tardan en sanar. Pero lo que sí sé es que mi relación con ellos cambió radicalmente. Me doy el derecho a ser yo, y a empezar a descubrir, así de patético como suena, apenas a los 29, lo que quiero en verdad de la vida.

La enseñanza de este testimonio

Sí se puede ocultar un desorden alimenticio durante décadas. S comenzó a vomitar desde los 11, pero lo hacía con poca frecuencia ya que permaneció en posición anoréxica predominantemente, desde los 8 que comenzó con sus elaboradas dietas y rutinas de ejercicio, hasta los 15, cuando las hormonas simplemente fueron más fuertes que él. El hambre ya incontrolable le ganó, pero S encontró la manera de perfeccionar el sistema atracón-purga, y durante los ocho años que siguieron, se volvió el bulímico ejemplar. S se graduó en Harvard, y como dice riéndose: *le metí tanto cerebro a la perfección del atracón-purga como al primer año de leyes.*

S no se veía mal. Su peso no estuvo, ni durante su anorexia ni en su bulimia, alarmantemente bajo. Siempre en los rangos de muy delgado, y también es de los pocos cuyas calificaciones no bajaron; a menos de que fueras un 007, jamás hubieras siquiera sospechado. Le caía bien a todos, pese a ser más bien tímido. Las chavas no podían sino querer mimarlo, tenía un *look* tan vulnerable y necesitado. Pero S no permitió que nadie se le acercara realmente.

Su secreto fue su condena.

S tuvo que pisar el infierno antes de reconocer que estas enfermedades son verdaderamente mortales. La inteligencia privilegiada no siempre juega a tu favor; construirás justificaciones mentales tan elaboradas y sofisticadas, que hasta tú mismo podrás creértelas. En esta enfermedad haces del autoengaño una elaborada y costosa obra de arte. S ha invertido, con seguro médico, 278, 000 dólares entre trabajo vertebral, dental y psicológico.

Piénsalo:
¡poco más de un cuarto de millón de dólares!

Comer compulsivo: el abismo de la soledad callada

LA SOLEDAD ACOMPAÑADA DE CONCHIS

Siempre triste y apachurrada, consume kilos y kilos de tostadas… Comienza una dieta, y luego otra más, pero siempre es el juego de nunca acabar. La rompe y la rompe, y se vuelve a enfadar, sus esperados atasques no se pueden parar.

Nadie la entiende ni la quiere descubrir, ella no es de las flaquitas, no hay que confundir.

Come y come y fantasea con que su príncipe azul la piropea, y mientras más intenta convertirse en la que todos desean, más termina siendo la que los chavos batean.

Taco a taco callando sus sentimientos de autorechazo… Por fuera sonriente, por dentro aguantándose el

trancazo, pero en el fondo sintiendo que su vida no es más que un absoluto fracaso.

A ratos soñando que debería ser Mía… poder comer y comer, y vomitar todo el día. Pero la única parte que Conchis tiene del reventón, es la de su amigo y único compañero: el atracón. A ella le dieron la mitad de la lección, y dentro de los desórdenes alimenticios es del montón. Ve a la comida como la solución y la depresión es su forma favorita de evasión.

. . . .

Definición

El síndrome del comedor compulsivo es el desorden alimenticio más común, y es clásico de la adolescencia.

El comer compulsivamente se caracteriza por ingerir una gran cantidad de alimento sin control alguno. Existe una obsesión por la comida y constantemente se inician dietas que no duran más de tres días.

> La mayoría de las personas que caen en este padecimiento tienen problemas de sobrepeso, aunque también lo padecen individuos con peso normal.

Te escondes…

Sientes culpa y vergüenza de que te vean comer. La gente te mira y siente disgusto inmediatamente. Sientes la callada acusación de: "deja de comer, gordita fodonga". No lo dicen abiertamente; no hace falta.

No lo estás alucinando, la gente *sí* te trata diferente. Lo sé, porque pese a haber sido más bien delgada toda mi vida, en el punto de quiebra de mi proceso de caída comenzaba a deslizarme justo en esta condición. De corazón entiendo cómo te sientes. Sé del eterno vacío que nunca se llena; sé cuánto necesitas que alguien te quiera.

> Sientes que tienes que esforzarte más para ganar la aprobación de la gente. O quizá te fuiste al extremo de querer ser invisible y ni siquiera exponerte a ningún tipo de contacto social. Es demasiado doloroso.

Quizá mis palabras han sido duras, pero es porque verdaderamente me importas que prefiero quitarte la venda de los ojos para que veas la cruel realidad de tu situación. Vivimos en una sociedad en la que todos juzgamos en base a apariencias. Así es la sociedad. Así la hemos hecho.

Me encantaría poder decirte que la gente no asume cosas negativas acerca de las catalogadas como "gorditas fodongas", pero lamentablemente sí sucede.

Tus padres te animan a que salgas más, a que te arregles, a que seas coqueta, pero la verdad es que te sientes más allá de querer ser la bonita, o la coqueta, o la que sea... ya, a la goma..., todo y todos te dan flojera.

Quizá tus padres te ignoran, sientes no importarle a nadie, eres la broma cruel de tus hermanos; la vida es una tortura. Huyes a tu dulce fantasía, y con chocolates, donas y bolsotas de galletas tratas de sobrellevar tu amarga pasadilla.

Ves tu novela favorita. Pero ese sueño siempre es interrumpido. Tu mamá metiche, tu hermano que no deja de molestarte... Sales de tu dulce fantasía, y cuando ves que tu vida no es un capítulo de *Rebelde*, te enfureces y te llenas de rabia, rabia que sólo conduces contra ti misma comiendo todavía más.

Quizá no tienes mucho interés por los chavos. No quieres siquiera exponerte a la dolorosa experiencia del rechazo. Quizá has bloqueado tu sensualidad detrás de tu aguda mente. Te conviertes en "la cerebrito". Sabes que en realidad no tienes la aprobación de papá, pero te esfuerzas en volverte su conse por medio de tus buenas calificaciones. Pero en el fondo sabes que no tienes su visto bueno. Eso te rompe el corazón.

No sientes verdadera satisfacción en tus logros. Piensas que sacar buenas calificaciones y ser buena onda no son méritos, son prerrequisitos, "etiquetas" que traes colgadas y las cuales sientes que tienes que llenar, ya que *ése* es el precio que tienes que pagar por no ser parte de las delgaditas bonitas.

Mientras más tratas de convertirte en una de las delgaditas bonitas, sólo consigues volverte más gordita. Por fuera estás sonriente y de buenas. Pero por dentro estás siempre con ganas de explotar.

Ir de compras para ti es una experiencia devaluatoria.

Cómo te ven los demás...
Tienden a no hacerlo.
Lo notas seguido en las *boutiques* o centros

> Te distraes comiendo; no a kilos llenos como Mía, pero sí lo haces la mayor parte del día. La comida es tu única compañía, y mientras más comes, más profundo te hundes en tu agonía.

comerciales. Las vendedoras asumen que no serás una buena cliente, y callada pero claramente te hacen sentir que tú definitivamente no eres la cliente "deseable". Te ignoran o te acaban atendiendo a su pesar.

Pero lo más triste es que tú tampoco soportas verte al espejo... Ves lo que ellos ven. Sientes ser lo que todos odian ser. Eres la parte de los desórdenes alimenticios que no tiene bonita apariencia; sientes ser la manifestación física de la que todos huyen... Sientes ser la callada pesadilla de cuanto te ve pasar.

Sí, qué te puedo decir. En un mundo donde lo superficial es glorificado, ser menos que atractiva es un crimen que la sociedad te cobra caro. Pero la única opción liberadora es cambiar tu actitud frente al fenómeno. Eso lo puedes cambiar en el instante que *tú* decidas.

La gente puede ser cruel e insensible. Pero cuando dejas de quejarte empiezas a trascenderlo. Sí, ahí está. Sí, así es la gente. Quejarte y lamentarte no te llevará a ningún lado. Acepta y reconoce que la libertad reside en cambiar tu actitud ante el fenómeno, es una forma muy sana de "mandarlos a la goma".

Basta de comer queso, ¡fuera de la ratonera! Vales demasiado como para vivir dentro de esa trampa.

Cómo salir del círculo vicioso...

Ya no soportas ser la bonachona, y tu manera de solucionar el problema es comiendo más, lo que sólo te lleva a seguir jugando el papel de la "gordita buena onda". Siempre estás buscando la manera de poder seguir haciendo justo lo que estás haciendo: lamentarte y sentir lástima por ti misma. Tienes que aceptar que juegas el rol de la víctima; la que lo intenta y lo intenta, pero siempre fracasa.

Todo en tu entorno ya te dijo acerca de ti misma que "no vales". Eso es lo triste. Pero tú te la compraste, eso es lo dramático. Tienes que aceptarte tal y como eres ahora. Hacer las paces contigo, perdonarte por no ser lo perfecto que todos quieren que seas, empezando por ti misma.

Tómate de la mano, tú debes ser tu mejor amiga.

Cuando realistamente aceptes cómo te quieres ver, independientemente de lo que dice la moda, entonces podrás manifestarte como la versión más atractiva de ti.

Entiendo perfectamente que tú sólo te quieres ver bien. Quieres ser aceptada, querida, parte de lo que todos dicen que es éxito, parte de lo bonito del mundo. Tu deseo es genuino y vale oro. Todo ser humano busca eso: el amor, el aprecio, la validación, el sentirnos que somos parte de algo bueno.

Te comprendo. A nadie, absolutamente a nadie le gusta sentirse como una "de las feas del montón". Pero te doy mi palabra, una vez que mandes a todos a la goma en el plan más buena onda, y te rindas a los ojos de un poder superior, comenzarás a manifestarte como la belleza que eres en esencia, en tu ser único, que nadie más que *tú* puede ser. Podrás elevarte por encima de cualquier mensaje que esté flotando en el ambiente.

Tengo el honor de haber conocido a una mujer que trascendió su "complejo de gordita" y comedora compulsiva hasta convertirse en la llenita más coqueta. Y tiene toda mi admiración, porque a pesar de enfrentar retos en su vida diaria que podrían llevarla de nuevo a su recaída, se aferra a lo mucho que ella sí se gusta, por encima de lo que le diga cualquiera, ¡mira que eso *sí* es autoestima!

EL CASO I: CANELA CANDENTE, UNA CÁLIDA HISTORIA DE AUTOESTIMA

Muy voluptuosa y coqueta, I nunca ha sido de las tallas pequeñas. Hoy en día orgullosa de su talla 13, a I siempre la verás gozosa en su propio cuerpo. I es exitosa con los chavos, porque I se gusta mucho a ella misma. Eso es sexy.

Pero un día, bañada en llanto, me cayó de visita. "Me desplomaron el ánimo en Victoria's Secret", me dijo. "La gente puede ser tan cruel… Lo ves en las tiendas, las boutiques de ropa. Las que te atienden y te revisan de arriba abajo y luego se sonríen piadosamente: "las tallas extras están de ese lado, señora", te dicen siempre. Tú no sabes si mentárselas o sólo "pretender" que no escuchaste.

La gente te trata diferente según la talla… Asume cosas de ti inmediatamente… todos asumen malas acerca de la gorda y buenas acerca de la flaca. De entrada, ya no eres un participante tan valioso como el otro. Quererte a ti misma es algo que no te ponen fácil. No eres un

buen cliente potencial, eres una de esas come-carbo-
hidratos que no tiene metas en la vida.

Mandé una queja oficial al manager de Victoria's Secret,
expresándole mi insatisfacción por el trato recibido.

¡Estaré frita si tengo que soportar eso sólo porque quiero un bikini color canela candente!
....

Enseñanza de este testimonio...

I vivió 12 años con el síndrome del comedor compulsivo,
probando todas la dietas habidas y por haber, desespera-
damente tratando de ser lo que sus padres querían.

Pesando 69 kg y midiendo 1.62 cm, I no podía nunca
aguantar sus dietas más de tres días. "No sabes", me dijo
un día muerta de risa...

"Era tanta mi obsesión, que iniciaba una dieta, la que sí
me quitaría los deseados 8-10 kg de más que mi familia
tanto me señalaba, y luego todo volvería a estar bien
en mi vida. Me cayó el veinte de que estaba enferma
cuando me di cuenta de que cada semana iniciaba una
nueva dieta logrando sólo subir más de peso...

Fue cuando dejé de pretender que no pasaba nada. El
día que acepté que no sería la "cuerpo de bailarina" de
mi hermana, y me perdoné por ser sólo yo, encontré
los pantalones para dejarle de hacer caso a mi mamá...

Dejé al fin de destruirme por no ser como mi linda y esbelta hermana. Mandar a mis papás a la "goma" ha sido lo más difícil que he hecho, sobre todo porque mi insistente madre, alias la "ya te encontré la dieta perfecta", sólo lo hacía "por ayudarme, y por quererme tanto".

Cuando abiertamente le pedí que me dejara de querer tanto, me liberé. Me di cuenta de que ella no estaba sino proyectando su autorechazo hacia su propia gordura en mí. Cuando la confronté con esto, me dejó de moler. Ese día jamás lo olvidaré. Dejé de ser la gordita bonachona hermana de la mega cuero y me convertí en mi coqueta yo que soy y que puedo.

I actualmente pesa 61 kg, no será nunca "súper delgadita", pero no tengo un solo amigo que no me diga: ¡qué atractiva es tu amiga!

No cabe duda. Gustarse a uno mismo es requisito para ser sexy.

Diferencias entre bulimia y síndrome del comedor compulsivo

El comer compulsivamente se distingue de la bulimia, ya que en este padecimiento no se induce el vómito, ni se toman laxantes o diuréticos.

Muchos de nosotros alguna vez hemos tenido un famoso atracón de comida, pero eso no quiere decir que seamos comedores compulsivos. Para que se pueda englobar a una persona como comedor compulsivo, se tiene que encontrar varias situaciones, como:

Síntomas

- Episodios frecuentes de atracones de comida
- Imposibilidad para controlar la cantidad que come
- Comer a gran velocidad
- Comer aunque el estómago esté lleno
- Comer aunque no tenga hambre
- Comer solo
- Culpa y depresión después de la comilona

Consecuencias físicas

- Diabetes
- Enfermedades cardiovasculares
- Enfermedades articulares
- Hipertensión arterial
- Hipercolesterolemia
- Problemas gastrointestinales
- Problemas de vesícula biliar

Consecuencias Mentales

- Depresión
- Conducta Antisocial

Bulimarexia: fusión de enfermedades mortales

La tiranía de Ana fusionada con la impulsividad de Mía y la compulsividad de Conchis dan a luz a Bálex.

Y sí, **Bálex gorro**...

Todo lo que aplica para la anorexia y todo lo que aplica para la bulimia se fusiona en la bulimarexia. El desenfreno de la comedora compulsiva es la fuerza que mueve el péndulo y que te hace ir de un extremo al otro sin control alguno.

Aquí es en donde la muerte hace su visita más frecuentemente. Mentalmente estás brincando de una condición a otra... Vienes de la sistematización y autocontrol de Ana, boom, caes en la impulsividad de Mía, ¡wham!, te vuelve a jalar Ana, ¡pack!, te vuelve a reclamar Mía. Conchis, furiosa de quedarse atrás, mete las manos al juego de vez en cuando...

Los tentáculos de esta parte del laberinto te succionarán a muerte... Bálex es el producto de tres monstruos peleándose por poseerte.

Después del bochorno Ana tomará el control, hasta que Mía se lo quite y después llegue Conchis al desquite.

Y en cuanto al daño físico: vendrás de períodos de matarte de hambre, y luego retacarte hasta que te convulsiones de dolor y tengas que vomitar. Para estar segura de borrar las evidencias del atracón, metes laxantes y diuréticos que te llevan a la deshidratación, y las consecuentes pérdidas de potasio, al paro de tu corazón...

A era amiga mía, la estrellita del salón, con piruetas de acróbata y su rol seductor, juró haber encontrado el camino a la perfección... Pero entre severos ayunos y el sucesivo atracón, consumió una sobredosis de laxantes, y se le paró el corazón.

A existió. Fue una excelente gimnasta que conquistó niveles dentro del deporte verdaderamente admirables. Campeona del estado de Colorado y campeona regional; guapa, carismática. Quería ser psicóloga, ayudar a la gente. En un paro perdió la vida. De un segundo a otro. No aparentaba estar tan mal. Tenía 19 años.

Al borde del precipicio

¿Hasta dónde serías capaz de llegar?

Los desórdenes alimenticios son la perfección del autoengaño... Llegará un punto en el que te costará distinguir entre lo que es verdad y lo que es mentira... Has dicho *tantas* mentiras, has construido historias *tan* elaboradas acerca de lo que *es* tu vida, que ya no sabes bien cuál versión de qué le has dado a quién.

Te compraste el sueño de que eres en realidad el ser perfecto que literalmente te matas por aparentar ser, y mientras más sigues pretendiendo ser lo que no eres, más tragedias vas causando.

Mientras más tratas de salir, más profundamente te vas hundiendo... Te irás agarrando de todo y todos con tal de no ver el abismo infernal en el que has convertido tu vida.

"ASÓMATE AL BALCÓN"

....

Una historia verídica

K venía de un hogar roto. El abuso emocional resultante de las adicciones de sus mismos padres la llevó a crecer con todo tipo de carencias afectivas. K no tenía huecos emocionales, era un hueco afectivo ambulante, un accidente esperando a suceder. En su temprana adolescencia padeció de anorexia. En su joven adultez de bulimia, condición en la que sigue actualmente.

La vida de K siempre había sido un mercado de lágrimas…

P, su prima, le había ayudado repetidas veces, pese a ya haber cachado a K en varias costosas mentiras. P no podía darle la espalda, era su familia. K siempre regresaba suplicando perdón y jurando cambiar… P decidió ayudarla de nuevo. Le compró un coche y le comenzó a pagar la colegiatura de una costosa escuela. K, dichosa, le decía a P que sus calificaciones eran *ya* tan buenas, que estaban por otorgarle una beca.

P creía en su prima. Hmmm…, no, retiro lo dicho, *quería* creer en su prima, y aunque algo interno le decía que las cosas no estaban bien, ella quería seguir creyendo.

K resultó ser mejor escondiendo que P buscando. P no buscaría. ¿Por qué? ¿Cómo?, el amor es confianza, ¿no? Es creer de nuevo en que la gente *sí* puede cambiar y aprender de sus errores.

Una noche como muchas otras, P empacaba en su recámara para irse de viaje de negocios. K y su esposo estaban en el piso de abajo "cuidando a los niños", cuando algo, una voz, le dijo a P que se asomara al balcón. P se rio de esa voz. "Nunca me asomo al balcón a esta hora, es ridículo. Vaya rareza", pensó y continuó empacando. Pero esa voz le volvió a decir: "asómate al balcón". "Bueno, fue tan claro el llamado, que entre que muerta de la risa y medio enojada, fui a la terraza. Eso era algo que simple y sencillamente tenía que hacer".

Lo que sucedió después fue, como ella lo dice, "haber sido invitado a ver una cruel película surrealista. Ahí estaba K con mi marido en el patio… besándose… fajándose… ese tipo de beso y faje que habla de una pareja que lleva rato. Me quedé inmóvil. Respiré profundo ya que eso era algo que tenía que confrontar ahí y entonces. Salí al patio. No les fui a preguntar si eran amantes, sólo a preguntarles cuánto tiempo llevaba siendo yo las más ciega de este planeta".

> En esta enfermedad, mientras más heridas tratas de sanarte, más heridas acumulas.

Bueno. Ya te imaginarás la escena… El romance, resulta, llevaba ya años… P llevaba años manteniendo a la amante de su marido. Sobra decirte que la beca no existía más que en la cabeza de K, de hecho, la cruda realidad es que estaba tronando casi todas las materias. Tenía faltas, exámenes reprobados, colegiaturas no cubiertas y galanes confundidos por todas partes.

¿Qué piensas de este testimonio? Más aún, ¿qué piensas acerca de la posibilidad de que esto pudiera estar pasando en tu familia, de quien menos lo sospecharías?

¿Tienes vacíos afectivos tan grandes que podrías caer de esa manera?

UN LOBO HAMBRIENTO, LA HISTORIA DE M

Desperté a altas horas de la madrugada… La necesidad de comer algo era incontrolable. Brinqué de la cama, me puse unos pants encima de la pijama y salí corriendo a la tienda de autoservicio abierta 24 horas, detrás del edificio en donde vivía. Recuerdo que caminaba por un camino oscuro, y cuando libré el pequeño riachuelo que separaba los edificios de la tienda, caí y me di un fuerte golpe. Brinqué de inmediato de nuevo en pie, sin registrar dolor alguno, ya que lo único que veía, era el pequeño autoservicio a la distancia…

Entré a la tienda corta de aliento. Comencé a llenar mis brazos de cuanto alimento chatarra pude. Llegué al mostrador y deposité frente a la cajera mis tesoros para mi tan buscado banquete. La chica me veía con horror, luego dio un paso atrás y siguió mirándome aterrorizada. ¿Qué me ve?, tuve que preguntarle ya un poco molesta. "Su dedo", me señaló temerosa apuntando hacia mi mano izquierda: "lo trae colgando". Vi entonces lo que ella veía. En esa caída me había dislocado el dedo índice izquierdo, resultando en una grotesca y contorsionada imagen. Entre la vergüenza por sentirme descubierta, la rabia por lo que había ocurrido, pero sobre todo por mi urgencia de ya llegar al punto de mi necesitado atracón, me forcé rápidamente el dedo de regreso a su lugar, produciendo un ruido espantoso y añadiendo un toque todavía más grotesco al ya incómodo y tenso ambiente. Forcé una sonrisa para aligerar la atmósfera: "estaba colgando, ya no", le dije y saqué un billete que más -que -cubriría mis tesoros: "quédese con el cambio", concluí con mi mejor sonrisa y salí de ahí lo más rápido que pude.

No tengo recolección coherente de lo que sucedió después, sólo vagas imágenes mías deglutiendo mi tesoro como una aspiradora humana.

…Desperté a la mañana siguiente muy adolorida pensando que todo había sido un mal sueño. Al ir abriendo los ojos, la puerta trasera que estaba totalmente abierta inmediatamente saltó a mi vista, ¡¿que había pasado?! Sentía despertar de una pesadilla a otra… Los bultos de comida vacía que literalmente cubrían mi cama me relataron la noche de atracón-purga a la que me había sometido, episodio al cual salí disparada por la puerta trasera de mi casa, atravesando un pequeño riachuelo…como un animal hambriento… Vagamente regresaban escenas a mi mente. Me senté en la cama para ordenar mis ideas. El dolor de mi mano izquierda me ayudó a recordar. Mi dedo era una salchicha triple… tenía golpes en todo el costado del cuerpo por la dura caída. Era más de lo que podía asimilar.

Más rápido que aprisa me deshice de las evidencias. Después de bañarme, limpiar mi casa, poner hielo en el dedo, y todo haberlo puesto "bonito de nuevo", salí para seguir ejecutando mi otra identidad, la de la super-mujer emprendedora y "exitosa" que todos conocían. Al salir del departamento por la puerta de enfrente me horroricé al percatarme de que todo lo que había hecho la noche anterior lo hubiera podido hacer por la calle peatonal, por un camino alumbrado, algo un poco más civilizado. El sentir ya el nivel de locura al que estaba llegando fue tan intenso y aterrorizante que lo único que pude hacer fue salir disparada a la primera pizzería para aquietar mis nervios.

Éste fue uno de una serie de sucesos y de caídas que terminaron poniéndome temporalmente en una silla de ruedas un año después. Entre las muchas ironías en las que reflexioné, fue ver cómo un año antes pude haber decidido que un dedo roto era suficiente, pero no, ahí no le paré. La vida literalmente me detuvo.

....

La tragedia no es caerse, la tragedia es no levantarse

Espero, en verdad, que ya te haya caído el veinte de lo que te puede pasar dentro del infierno de los desórdenes alimenticios...

Las salas de este laberinto van cambiando de forma y nombre... Ahora puede ser la Eating Disorders Clinic México, mañana Centro Nacional de Nutrición, en un par de décadas Oceánica o la clínica Betty Ford, si es que llegas a tus cuarenta y te casas con el marido "correcto" que pueda mandarte a los centros privados de tratamiento de adicciones; si no, serás una alcohólica anónima en constante bancarrota, con la clásica relación abusiva que tiende a ser la mancuerna perfecta. En una de tus peores pesadillas, se llamará hospital psiquiátrico, el que sea; si tienes suerte será uno con métodos humanos y progresistas, si no, serás parte de las leucotomías límbicas del Hospital 20 de Noviembre.

Date una vuelta por el pabellón de algún hospital psiquiátrico... Quizá te haga falta ver con tus propios ojos un par de escenas del capítulo "delirio sicótico".

Hasta dónde quieres llegar antes de decir: "¡Ya basta, suficiente!"

Quizá ya estés bajo tratamiento antidepresivo, tomando una pastilla para contrarrestar los efectos de la anterior... Por piedad, abre los ojos, bien podrías estar en el camino a convertirte en una vegetal mental.

Todo es más oscuro cuando está a punto de amanecer

Quizá ya estás al borde del precipicio... Aterrorizada de caer y anhelando que alguien te dé el último empujón para terminar tu pesadilla.

Lloras... te angustias... No puedes decidir. *¿Castigará Dios a los que se quitan la vida?* Te preguntas a ratos por las noches. *Pero Dios sabe que estoy enferma. ¿Me perdonará o me iré a un infierno todavía peor?*

Te despiertas a la mañana siguiente. No recuerdas qué soñaste, pero cuando abriste los ojos ya estabas bañada en llanto. Sales de la cama rogando que algo ya suceda que le ponga fin a todo esto.

O quizá ya estás un paso más abajo, en el fondo de la apatía; más allá de las lágrimas, más allá del dolor y la agonía. Sientes que tu vida es una broma. No le ves ningún valor y ningún sentido. No crees en nada realmente. No tienes a que irte al más allá, y quedarte aquí en la tierra a seguir apagando incendios te da flojera. Ambas, la vida y la muerte, te son completamente indiferentes. Comienzas a buscar el tiro de gracia.

Si estás aquí te digo: ya sacaste tu número. Sólo es cuestión de que lo llamen. Por favor, abre los ojos. Aquí es donde das "el pasito" para convertirte en una de las personas que mueren por la enfermedad, se suicidan por tener la enfermedad, o se causan un accidente que termine con la enfermedad.

Comprendo que no tienes ni la más remota idea de cómo vas a poder salirte de aquí, que estás cansada de buscar la salida... Viví la pesadilla, viví tu soledad, tu angustia y tu dolor. Sé lo que es pedir a gritos que esto ya por misericordia termine.

Respira hondo... La vida sí tiene sentido, y el sufrimiento, aunque no lo creas, también lo tiene. Hay una valiosa lección detrás de esto. La vida no es cruel. Por algo estás viviendo lo que estás viviendo.

No es en el "porqué" de tu vivencia que encontrarás la salida, es en el "para qué" de ella lo que lo determina. Se fuerte. Se valiente. Créeme, te doy mi palabra; la vida *sí* tiene sentido. Y el dolor que estás sintiendo no es en vano.

Aguanta sólo un poquito más, el cielo está a punto de clarear.

Proceso de salida

¿Por qué estoy enferma? ¿Por qué no logro aceptarme ni quererme? ¿Por qué pido a gritos mi propia muerte? ¿Por qué vomito la vida?

Éstas son las preguntas esenciales.

En algún punto de tu infancia algo sucedió que te dejó con una serie de vacíos afectivos y huecos emocionales. Ahora que estás atravesando por los cambios de la adolescencia, todos los huecos afectivos y todas tus heridas emocionales se volvieron a abrir.

La adicción es la manera de evasión que has escogido para evitar el despertar de tu conciencia. La enfermedad en particular que has elegido te quiere decir algo acerca de ti misma que hasta ahora no has reconocido conscientemente.

Mientras más pronto te abras a encarar todo aquello de lo que vienes huyendo, más pronto podrás salir.

La adicción, el apagador de tu conciencia

Una adicción, la que sea, es una forma de tapar vacíos y de cubrir huecos. Adoptas la adicción con tal de huir de una serie de sentimientos que has venido acumulando; sentimientos con los cuales te rehúsas a enfrentarte.

Pero la triste realidad es que esos huecos nunca se tapan, los vacíos nunca se llenan y los sentimientos de los cuales vienes huyendo eventualmente te alcanzan... Es una carrera perdida. Tus sentimientos reprimidos son más rápidos en encontrarte que tú en huir de ellos.

Por ello las adicciones van en aumento. Siempre necesitarás más a cambio de menos.

La satisfacción pasajera de poder huir, aunque sea temporalmente, de todo lo que te hace sentir mal es en sí la adicción.

Cualquier adicción empieza siendo siempre un "curita emocional" mágico, y dado que te proporciona alivio —aunque sea pasajero—, acabas haciéndolo cada vez más seguido.

Te "anestesias" de lo más a gusto. Pero la anestesia dura cada vez menos tiempo y la dosis tendrá que ser cada vez mayor. Obsérvalo con la comida específicamente. Tu primer atracón seguramente fue de juguete, recuérdalo.

Con qué elijas evadirte y anestesiarte, es secundario.

Malabarismo de adicciones

Quizá tú ya recurras al uso del alcohol o de las drogas para callar tus impulsos y "aclarar" tus confusiones.

Déjame ahorrarte no sólo feas caídas, sino también bochornosos incidentes... Las penas en alcohol no se hunden, flotan. Lo único que cambia es que durante tu "high" te sientes más grande que tus problemas, por lo menos un par de horas, pero cuando "aterrizas", te sientes peor que cuando te fuiste al viaje; tus drinks eventuales se hacen cada vez más frecuentes, el joint –"la mota"– también, te empieza a seducir la coca...

No te rías. El rollo de las adicciones siempre empieza de lo más inocentemente... Tú empezaste con chicle (glucosa), luego café (cafeína-ina, estimulante), cigarro (nicot-ina, estimulante), alcohol (que después de procesado no es más que glucosa). El chicle pasó de chicle a litro de helado (más glucosa), la cafeína a anfetamina (ina, más estimulante), ¿le seguimos? *¡Cuidado!,* podrías estar a punto de hacer de tu vida una condena de adicciones.

¿En dónde está la gratificación?
¿En el atracón o en la purga?

De muchas veteranas bulímicas aprenderás que el atracón se convierte en la avenida para poder llegar a la purga. La purga es tu adicción primaria, la gratificación al pasajero sentimiento de alivio que te brinda el atracón es la secundaria. Tu verdadero motivador es tu necesidad de explotar, pero para poder explotar y purgar tu dolor tienes que tener algo de que purgarte.

Literalmente. Te metes la comida sólo para poder sacártela. Ése es el juego que estás jugando contigo.

Dado que el ciclo atracón-purga es devaluatorio, tú siempre vivirás instalada en la víctima, a la que todo le pasa, para así poder satisfacer tu necesidad de autolástima y autocastigo. Cada vez crearás situaciones que te produzcan más dolor, y cada vez necesitarás experiencias más duras y denigrantes para satisfacer tu necesitada dosis de autolástima: el galán que te trate mal, el jefe que te haga la vida imposible, los cuates que siempre abusan de ti, el maestro que sólo la trae contigo... Siempre habrá un nuevo personaje en tu libreto que desempeñe el rol del malo para tú ser la víctima y satisfacer la necesidad de autocastigo.

> Tu verdadero problema no es la comida, es tu mal manejo de emociones y heridas no sanadas. La comida es sólo el medio con el cual te destruyes.

Ahora se llama jefe, mañana marido...,
el nombre es lo de menos, lo que importa es que
siempre encontrarás quien "te la haga",
¡para tú poder acabar desquitándote contigo!

Lo prohibido: el objeto de tu deseo...

Mientas más dividas la comida en una lista de alimentos "permitidos" y "prohibidos" más galletas terminarás comiendo.

Así funciona este rollo. Basta que algo lo vuelvas prohibido, para que sea eso lo que más quieras. ¿Recuerdas cuando fuiste niña? Bastaba que mamá te castigara un juguete y te lo prohibiera, para que en ese momento, *ése*, el que fuera, se convirtiera en tu favorito. Acabas queriendo lo que no puedes tener...

Cuando crecemos aplicamos el mismo patrón a todo. **Todo aquello que no debemos o podemos tener se nos hace fascinante por el simple hecho de que no debemos hacerlo**, no porque necesariamente sea fascinante; eso puede serlo o puede no serlo. Eso es lo de menos. La cuestión es que es prohibido. Fuera de nuestro alcance. Ése es el chiste. Despierta el reto, la persecución..., el "aaa... ¿cómo de que no?" Esto es parte del folclor de la adolescencia. Pero te darás cuentas de que tras lo prohibido no hay nada de fascinante más que eso, el hecho de que rompiste una barrera de lo que no es permitido. Ésa es la satisfacción, y por descabellado que te suene, hacer lo prohibido se vuelve adictivo... El cómo lo hagas y con qué elijas hacértelo es secundario.

> Tras lo prohibido no hay nada de fascinante más que el hecho de haber cruzado la barrera de lo que no es permitido, satisfaciendo los impulsos de tu lobo hambriento reprimido.

En el caso de la comida, mientras taladres en tu inconsciente la idea de que hay una lista de "comida buena" y una lista de "comida mala", tus impulsos reprimidos regresarán cada vez con más fuerza para pedirte alimentos, ¿de qué lista crees?

Y así, pizza a pizza y taco a taco, tratas de llenar tu barril sin fondo y de alimentar a tu lobo hambriento, que siempre te vendrá a pedir un poquito más...

La enseñanza de la adicción y la enfermedad

¿Alguna vez te has puesto a pensar por qué alguien se enferma y por qué alguien no? ¿Por qué a una persona le da una enfermedad y a otra le da una diferente? ¿Son cosas que suceden al azar? ¿Qué determina la salud?

Lo que ya te enseñó la adicción es que es una tapa que cubre sentimientos a los que no quieres enfrentarte y con la cual compensas faltantes emocionales.

Tu lobo hambriento, al que siempre hay que darle más, nació cuando tú empezaste a ignorar todos los aspectos de tu personalidad que te hacían sentir menos, sucia o mala.

Fuiste reprimiendo a tu naturaleza instintiva, y al hacerlo, hiciste de un gran amigo tu feroz enemigo.

Carl Jung te describe esto como *la sombra*: el lugar adonde llevamos todos los aspectos de nosotros mismos catalogados como "malos". Todos tenemos la sombra famosa de la que habla Jung, sólo que la "salud" mental está en quien puede ver a su sombra sin que su sombra lo haga hacer cosas más allá de su control.

El conjunto de todas nuestras sombras es lo que se llama el "inconsciente colectivo".

Si tu sombra está llena de lobos hambrientos, heridas emocionales no sanadas, culpa, lamentos, resentimientos, literalmente "te conectas" con la parte enferma del inconsciente colectivo. Las frecuencias mentales de tu inconsciente se "identifican" con las frecuencias mentales del inconsciente colectivo afines, el cuerpo adopta una enfermedad en particular, y los síntomas empiezan a hablar su lenguaje. Por eso a unos les da cáncer, y a otros alzheimer. Todo depende de las historias que cada uno traiga inconclusas.

Cualquier adicción o enfermedad es una actitud que inconscientemente adoptamos para evitar el despertar de la conciencia. Por ello la enfermedad es conocida como un camino que te obliga a sincerarte contigo; un camino un poco raro hacia "la iluminación".

Todos los problemas y asuntos inconclusos de tu pasado atraen un síntoma específico, el cual te creará una vivencia buscando ser completada a través del síntoma corporal inconscientemente elegido.

> Los síntomas te obligan a encarar tus asuntos pendientes; te confrontan con todo aquello que te has rehusado a vivir conscientemente y te hablan con una honestidad que ni tu mejor amigo en cinco vidas se atrevería.

El síntoma te vuelve sincero contigo mismo.

La curación sólo es posible cuando te abres a reconocer lo que te has negado a reconocer. Cuando completas lo que el síntoma te está pidiendo experimentar, el síntoma muere, y el cuerpo regresa a la salud.

Los síntomas: *"vomito la vida"*, *"me mutilo con tal de ser delgada"*, *"me niego a ser mujer"*, *me niego la vida por no ser perfecta"*, hablan de una necesidad imperante de despertar a la luz de la conciencia.

Nos estamos haciendo pedazos.

Los desórdenes alimenticios son el producto de la deshumanización del ser humano; el cáncer social donde lo superfluo es glorificado.

Perfeccionismo, el disfraz de la baja autoestima

El perfeccionismo es una trampa que disfraza tus inseguridades y con el cual tapas tu autoestima empobrecida. Te pones metas sobrehumanas con tal de satisfacer tu necesidad de aprobación y cariño. Te impones metas ficticias con las que crees llenar tu eterna sensación de vacío y con las que crees cubrir tus fríos emocionales y huecos afectivos.

La trampa detrás es que al no poder llenar las metas que te convertirán en el ser valioso que papá y mamá nunca reconocieron, reestimulas la mismísima herida que estás tratando de sanarte, logrando únicamente regresar a confirmar tu libreto original de: "no valgo". El qué y cuánto logres o dejes de lograr es lo de menos. **El perfeccionismo es el mundo de nunca nada es suficientemente bueno; el infierno de la eterna crítica.**

No importa lo que hagas, nunca será lo correcto, o lo que tú querías; nada te hará sentir bien... En la escuela, o te saboteas antes del examen y no te sacas el diez que querías, o te lo sacas, pero más bien el maestro es un bruto que en el fondo te tiene lástima y te lo regaló. Te buscas el galán que te la ponga complicada y con quien *no* se te hace, o bien, se te hace, pero tú inmediatamente pierdes el interés, le das las gracias por participar y vas tras el siguiente concursante... El hombre ideal que sueñas que existe pero que nunca encuentras.

> No hay logro lo suficientemente valioso que sane heridas o repare la autoestima devaluada.

El meollo del asunto es que tu libreto ya dice: no valgo. No recibiré afecto y amor genuino. No soy digno. Harás lo que sea para devaluarte y meterte autogol tras autogol, y por más loables y dignos que sean tus méritos, nunca encontrarás ningún valor en ellos, y de llegar a hacerlo, te lo sabotearás para perderlo y regresar a cumplir el comando original del: no valgo un cacahuate.

¿Cómo nace el perfeccionismo?

Algo en tu vida ocurrió que te devalúo a tal grado que te llevó a crear un ser sobrehumano que sería capaz de ponerle el "final feliz" a todos los infortunios de tu vida. Freud te lo describiría como tu súper ego. Todos tenemos un súper ego, una versión de nosotros mismos que es mejor, pero que no está completamente fuera de la realidad; una versión idealizada. La bronca es cuando te crees que en realidad eres esa figura idealizada. Eso es lo descabellado del asunto. Esto es el fundamento del perfeccionismo: hacer que ese ser sea real a toda costa, castigándote y castigando a los demás cada vez más severamente por no poder serlo.

Tienes dos opciones: reconocer que eres real, humana e imperfecta, o terminar matándote por no aceptarlo.

Cuando renuncies a esa versión de ti, cuando aceptes de corazón que no eres eso que tú crees que eres, y que tras lo que vas es inalcanzable, rescatarás a tu yo real. Te abrirás al potencial humano que llevas dentro, ya que por primera vez estarás ejerciendo desde tu verdadero yo.

Justo cuando aceptas que la perfección es una búsqueda, no un destino, es que eres capaz de proyectarte más allá de ti misma.

> Cuando aceptes que has creado un mundo tan perfecto y ficticio en el que nada real cabe, ni tú misma, te liberarás.

Narcisismo, el juego del yo-yo...

No importa si eres anoréxica, bulímica o comedora compulsiva. Eres una persona narcisa, quien ha puesto su centro de valía en la apariencia.

No importa si te ves al espejo y te amas... No importa si te ves al espejo y te odias... la cuestión es que tu imagen, tu apariencia, es en lo que centras tu valía. Si la tienes, es porque la tienes, si no, es porque no. El meollo es que tu valía está en tu **yo físico.**

¿Dónde nace el narcisismo?

Al igual que en el perfeccionismo, en algún punto de tu temprana infancia hubo un suceso, o una serie de, que te dejó con una herida emocional no sanada, y en protección a una realidad que distaba de ser reconfortante y segura, "adoptaste" el narcisismo como solución a lo inestable de tu entorno. Te encerraste en tu "yo físico". Quizá de niña fuiste amenazada física y emocionalmente. Quizá nunca fuiste realmente "vista" por tus padres, llevándote a buscarte a ti misma constantemente en el espejo.

La trascendencia del "yo-yo"

Una vez que comprendes que eso no es ni bueno ni malo, comienzas a trascenderlo. Cuando te caen los veintes de cómo y por qué adoptaste esa "careta", es que te sientes lo suficientemente segura internamente para renunciar a ella. Esto es el despertar de tu verdadero Ser. Dejarás de buscarte en el reflejo de tu "yo físico" para confirmar que existes, para confirmar que vales. Habrás trascendido tu narcisismo. Te habrás trascendido a ti misma.

Aprende a dar algo de ti por el simple deseo de responder a tu naturaleza más íntima. Esta naturaleza responde a algo infinitamente superior a ti... Cuando actúas en todo momento de forma natural y espontánea con respecto a ella, te trasciendes a ti mismo, llenando cada instante de valioso sentido. Esto es el camino de la conciencia y de la autotrascendencia. La profundidad y el significado que encontrarás en cada una de tus vivencias claramente te confirmarán que estás donde debes estar, haciendo justo lo que estás haciendo.

Encontrando tu camino

Uno de los veintes que te caen conforme vas atravesando la adolescencia, es que parte de toda esta transición es eso, aprender a encontrar tu propio camino. Te sientes influido por todo tipo de opiniones y de fuerzas, mensajes que te llegan desde todas partes, en muchas ocasiones contradictorios, y dentro de todo eso, tienes que ir distinguiendo entre lo que sí vale y lo que no, para poder ir trazando tu camino.

Tu camino es único, nadie más que tú lo puede elegir. Es una elección importante. ¿Qué quiero ser cuando sea grande?

Te voy a decir algo triste. La gran mayoría de la gente no elige, sino sólo sigue las opiniones comunes, y opta por la mejor alternativa dentro de las planteadas como "buenas" y "del éxito" según el consenso común.

Tener convicciones firmes y mantenerlas,
pese a todo lo que los demás dicen y hacen,
es un reto y es un acto de valor.

Hay tantos caminos como seres humanos existimos. No hay dos iguales. Pero el ser humano tiende a no querer reconocer y aceptar esta verdad de la vida, ya que ello implica responsabilizarse por el camino elegido, lo cual nos pone a nosotros mismos –y a nadie más– como únicos responsables por lo que se haga y por lo que suceda dentro de él.

Atrévete a seguir tu voz y a responder al llamado. Eso es la vocación. La palabra latina *vox*, significa voz. ¿La voz de quién? Sería la siguiente pregunta. Mi interpretación personal es la voz de un poder superior que te pide en todo momento que te realices haciendo lo que más profundamente amas. Sea lo que sea.

Seguir tu camino implica aceptar tu individualidad, y esto lleva a un sentimiento de soledad inevitable. Nadie siente las cosas justo como tú las sientes. Nadie vive la vida justo como tú la vives, y lo que hagas o dejes de hacer con ella depende sólo de ti. Por más que vayas a misa, el padre no puede decirte qué hacer con tu vida.

El camino del ser humano es una jornada indivi-
dual que conduce de nuevo de regreso al Todo.

Justo cuando asumes que tú y nadie más que tú puede elegir, y te atreves a descubrir tu camino único, despiertas a la naturaleza de tu verdadero ser, y una vez que lo haces, ese sentimiento de "separatidad" se desvanece; tu verdadero Ser se funde con el Absoluto, y vuelves a ser uno con el Todo. "Justo cuando crees que estás totalmente solo, te das cuenta de que no lo estás".[8]

---

[8] Lazaris, *The Sacred Journey*, Palm Beach, Florida: Concept Synergy, 1987, p. 74.

Trazando nuevas rutas mentales

La vida no es acerca de encontrarte a ti mismo…
La vida es acerca de crearte a ti mismo.

George Bernard Shaw

Pensamientos, generadores de realidades

Imagina que cada pensamiento que tienes traza una pequeña ruta en alguna parte de tu cerebro. Cada vez que lo repites, vuelves a marcar una línea sobre la ruta ya trazada; mientras más lo repites, más profundo queda marcada, hasta que se imprime como un comando mental operando por sí solo con una ruta conocida para llegar a un destino el cual corresponde a un estado anímico determinado.

Luego tomas otro pensamiento, diferente de forma, pero de la misma esencia, y empiezas a repetírtelo. Ese pensamiento hace lo mismo que el anterior, y se coloca como una extensión.

Pensamiento a pensamiento vas creando extensiones mentales de la ruta mental que te lleva al sentimiento por el cual literalmente ya trazaste una adicción. Y va operando en piloto automático.

Así como físicamente puedes trazar la ruta México-Cuernavaca, mentalmente trazas la ruta mental que alimenta tu adicción.

La mente construye conceptos por medio de la ley de memoria asociativa. A cada palabra que te dices, a cada pensamiento que tienes, le corresponde un recuerdo, o una serie de, que está impreso holográficamente en tu memoria.

Cada pensamiento que tienes genera un estado de ánimo. Los "diálogos", las "conversaciones" que tienes contigo, los pensamiento que expresas, tanto interna como externamente, determinan tus estados de ánimo. Tus estados de ánimo determinan tus vivencias.

La pregunta es: ¿cómo te quieres sentir? ¿Qué tipo de realidad quieres crear?

¿Por qué se siente tan bien sentirse mal?

Como nos hemos venido repitiendo una serie de historias destructivas gran parte de nuestra vida, estamos acostumbrados a seguir generando las mismas experiencias que llevan al dolor. **Te gusta sentirte mal**... Hay algo de exquisito en el dolor que experimentas. Y aunque tu vida a ratos no es más que la reproducción del mismo mercado de lágrimas, por lo menos es un mercado de lágrimas agridulce que te da seguridad, porque es conocido, y mientras más lo repites, mejor te sale.

No me digas que no te encanta oír la misma rola que te hace llorar y recordar a tu ex... Pero cada vez que reestimulas el recuerdo no haces sino atraer a tu vida los mismos personajes que harán que acabes escuchando una triste canción. Y siempre encontrarás una nueva triste canción. Shakespeare lo dijo: "hablar de tragedias pasadas no hace sino crear nuevas".

¿Cuál es el beneficio de repetir conductas negativas?

Te ofrece un sentimiento de falsa seguridad. Ya sabes qué puedes esperar. No tienes que enfrentarte a lo desconocido. El "más vale malo conocido que bueno por conocer" sostiene la reproducción constante de los patrones que repites, los cuales te generan un resultado ya esperado. El clásico "ésa ya me la sabía", el típico "claro, esto siempre me sucede a mí".

El final de tus historias está escrito desde el principio.

Finales predeterminados, la película no editada

La historia de tu vida se va grabando en un almacén mental que desconoce el concepto "tiempo". Cada vivencia que vas teniendo se va archivando como una película en algún lugar de tu cerebro. Cuando ocurre un trauma emocional, esa película deja de archivarse, editarse y guardarse; se queda abierta proyectándose, proyectándose y proyectándose, y ésta sigue atrayendo nuevos personajes que cumplan el viejo libreto en la esperanza de que esta vez la historia sí podrá ser diferente...

Pero nunca lo es, y mientras más heridas vas tratando de sanarte, más heridas vas acumulando.

¿Por qué repito mi pasado?

En algún punto te compraste el boleto de que no valías. Algo en tu vida sucedió que te llevó a firmar ese acuerdo contigo misma. Esto muy probablemente no lo tengas a nivel consciente. Pero en base a una serie de mensajes recogidos a la largo de tu infancia, tú firmaste ese acuerdo.

Como ya tienes en tu mente el comando: "no valgo", ella se encargará de atraer a tu realidad a los personajes necesarios que cumplan la orden instalada en tu inconsciente. Creas y recreas la misma situación que te lleve a confirmar lo que ya sabías, a confirmarte el "no valgo" del libreto original. Por eso siempre la historia termina igual.

Como sientes que no vales, tienes una necesidad inconsciente de castigo. Una de las formas de autodestrucción que tu inconsciente escogió fue éste de los desórdenes alimenticios. Ésta es tu manera de devaluarte. Tu manera de huir de tus heridas mentales no sanadas y que sólo te lleva a causarte más.

¿Es mala suerte o Dios castigándome?

Ninguna de las dos. Nadie más que tú te la está haciendo; nadie más que tú te está metiendo el pie.

La realidad en la que vives y todos los sucesos dentro de ella sólo pueden ocurrir de dos maneras: creándola o permitiendo que suceda.

Tus pensamientos son generadores de realidades.

Lo *in* de la inteligencia

En el mundo "in", todo funciona inteligentemente y sin conflicto alguno. Instinto, Intelecto e Intuición retornan a la unidad, donde la verdadera potencialidad del Ser reside.

Tu inteligencia Instintiva es la más antigua, pertenece a tus ancestros pasados, al mundo animal. Su naturaleza es noble, y siempre busca el camino natural de la vida. *Es el peldaño inicial de la escalera de la conciencia.*

La Intelectual es tu inteligencia más reciente, perteneciente al reino humano presente; es tu mente, la experta, pero que carece de lo antiguo y noble de tus instintos. *El segundo peldaño en la escalera de la conciencia.*

La Intuitiva, el conocimiento pleno más allá del tiempo que trasciende las barreras de la lógica. Tu poder futuro y sentimiento último de conexión al Todo. *El peldaño más alto de la escalera de la conciencia.*

El prefijo "in" se utiliza en todas, porque todas son innatas e inherentes a todos los seres humanos.

Tu problema se encuentra en el conflicto entre tu inteligencia instintiva y tu inteligencia intelectual. Dada la enseñanza de culpa con respecto a la naturaleza instintiva, tu intelecto te convenció de que tus instintos son malos, y la intuición algo afuera de ti. Tu intelecto te separó de tus otras dos inteligencias, indispensables para ser un ser conscientemente creador.

Tus instintos habitan en el inconsciente (90% de tu fuerza mental).

Tu intelecto habita en el consciente (10% de tu fuerza mental).

Tu intuición en tu supraconsciente (fuerza inmensurable).

Mientras no hagas las paces con tu naturaleza instintiva, serás presa de tus instintos descarriados. Te podrás poner cualquier meta desde tu intelecto, tu "yo consciente", pero tu inconsciente sabotearlo en cualquier momento ya que es nueve veces más poderoso.

Tienes que derribar la barrera de culpa entre tu instinto y tu intelecto, y volverás a ser un todo. Por primera vez serás humano. Dejarás de ser víctima de tus instintos reprimidos.

Las zancadillas que pone el inconsciente

EL CASO DE L
. . . .

L es una chica exitosa. "Aparentemente" no tiene broncas. Sólo una. Nomás no puede levantarse por las mañanas. Cuenta con dos despertadores, el celular y la llamada de su madre para despertarla, y aun así, no puede levantarse a tiempo. Después de haber perdido vuelos matutinos repetidas veces, haber pagado una fortuna por otro despertador mega wow, y vuelto a pelear con su madre porque pese a las llamadas ella seguía llegando tarde, L decidió buscar ayuda. Las consecuencias de su "imperceptible" bronca le estaban saliendo muy caras. En su primera sesión, su terapeuta le hizo una sola pregunta:

¿Por qué le da flojera la vida?

L se dio cuenta de que sí, efectivamente, la vida le daba flojera, que desde niña bloqueó todo lo que no le gustaba del mundo durmiendo; que su forma de despertar en las mañanas siempre había sido llena de angustia. El "despertar" le era algo traumático y, efectivamente, en algún lugar de su inconsciente decidió que sacarla de su estado de sueño en donde las cosas eran tranquilas tendría que ser una verdadera lucha.

Detrás de la aparentemente inofensiva traba, L guardaba muchas otras trabas más… Sí, a L gradualmente se le fue quitando la flojera por la vida, y ésta mejoró mucho más allá de dejar de perder vuelos matutinos.

....

Derrumbando la barrera inconsciente-consciente

Necesitas reconocer a tus instintos como una parte integral de ti. Comprende. No hay nada de malo en el inconsciente, el huir de él empezó la enfermedad y creó la muralla.

El inconsciente no es malo, nunca lo fue, pero ahí mandamos todos los aspectos de nosotros mismos que no queremos ver. Como Jung lo describe, "la sombra", donde residen todos los aspectos desterrados de nuestro "yo consciente". Todo lo que no te gusta de ti, lo mandas para allá. Y te la pasas huyendo de tu propia sombra. Pones ladrillos y ladrillos de neurosis que aseguren el bloqueo hacia tu inconsciente.

Pero ahí está tu fuerza, tu verdadero poder. *Recuerda, es nueve veces más poderoso que tu mente consciente.* Así que podrás decir misa, el que manda es el inconsciente, el que se ríe de tus metas y decisiones de tu yo consciente.

> Cuando hagas las paces con tu naturaleza instintiva, cuando dejes de encerrar a tu inconsciente, romperás el muro que te separa de tu pleno potencial.

Obsérvalo. Cuántas veces has tratado de ponerte una meta y fracasas. Hay gente que a tu edad empezó a hacer su clásica lista de propósitos de año nuevo, desde su "yo consciente", y ahora, a la mía, sólo saca la misma lista de propósitos y buenas intenciones incumplidas que empezó décadas atrás. Y créemelo, no es porque estas personas no tengan perseverancia. Pero cambiar algo desde tu "yo consciente" es como querer cambiar una llanta ponchada con un gato roto.

Haz las paces con tu inconsciente. No dejarás de sorprenderte cuán poderoso eres. La vida sí puede ser *"fuera de este mundo"*, te lo juro.

SEGUNDA PARTE:
TU ESPACIO
DE TRABAJO

El poder de la palabra

Tus palabras, ya sean externas habladas o pensadas internamente, determinan tus vivencias. La palabra es la primera expresión del pensamiento. Cada pensamiento determina un estado de ánimo, y cada estado de ánimo determina tu salud.

En esta sección trabajaremos con afirmaciones y decretos con los cuales encontrarás una nueva y sana forma de comunicación entre tu enfermedad y tú. Trazaremos el camino para que los síntomas tomen otra manera de hablar contigo, para que aprendas la lección sin tener ya que recorrer dolorosos caminos.

A partir de este punto, eres el copiloto de tu viaje a la recuperación.

Creencia precede a experiencia

Para crear la experiencia "salud", primero debes creer que eres capaz de hacerlo. Yo sé que eres merecedora de salud plena, y no sólo eso, sino de abundancia, relaciones armoniosas y éxito en la expresión creativa.

Nada te detiene. Ábrete a merecer.

Proceso de renuncia de adicciones

Este espacio de trabajo es tu espacio sagrado,
es tu espacio de honestidad contigo misma(o).

La verdad tiene un poder inmenso: te libera. La honestidad contigo misma es tu herramienta más poderosa. Reclámala como tuya ahora. Si padeces un desorden alimenticio, estoy segura de que ya tienes una buena lista de cosas que no te atreves a contarte. Por huir de lo que no quieres ver, acabas haciendo lo que no querías hacer. Y el ciclo continúa, continúa y continúa.

No importa qué hayas hecho; ya lo hiciste. Tu incapacidad de perdonarte es tu única condena. Vuelve al momento presente, que es el único lugar desde donde puedes efectuar cambios.

El *ahora* es lo único que importa. Desde lo más profundo de tu ser, pide abandonar tu adicción.

Decreta:
Desde lo más profundo de mi ser decreto el deseo genuino de abandonar mi desorden alimenticio. Me abro a admitir mi delirio de perfección, suelto mi necesidad

de juzgarme y juzgar a otros, reconozco que nunca seré tan perfecta como quisiera, admito que me he mentido innumerables veces; me abro a reconocer todo aquello que tenga que ser reconocido y me abro a que la luz lo bañe y me libere de mi condena.

La confesión

Admite 10 extremos a los que hayas llegado en tu desorden alimenticio, de los que más te avergüences y que nunca te has atrevido a compartir con nadie. Si eres anoréxica, quizá hayas comido del bote de basura; si eres bulímica, quizá hayas perdido el conocimiento de una forma bochornosa; lo que sea, no importa. No puedes trascender lo que niegas que existe. Libérate.

1. _____

2. _____

3. _____

4. _____

5. _____

6. _____

7. _____

8. _____

9. _____

10. _____

Ahora, ve a tu "peor" secreto frente a ti. Ahí está, en blanco y negro. No pasa nada.

Toma un espejo y mírate a la cara. Repítete:

A pesar de mi peor secreto, me amo,
soy digno y valioso.
No he cometido un acto malo o un acto bueno,
simplemente actos de inconciencia.
Me libero del juicio y de la condena.
Me amo.
Me considero capaz de ser más fuerte
que mis peores secretos.
Suelto mi culpa y mi necesidad
de castigo ahora.

La conciencia divina te perdona, une tu voz con ella. Siente el júbilo de haber dejado atrás tu arrogancia, tu incapacidad de perdonarte por no ser perfecto.

Siente la liberación.

Respira la liberación.

Eres la liberación.

Ellos te dijeron...
ahora tú te dices...

Introducción

A continuación trabajaremos con una serie de preguntas con la intención de ubicar momentos cruciales de tu pasado donde algunos mensajes clave quedaron marcados y con los cuales firmaste "acuerdos" mentales acerca de lo que es el mundo.

No hay respuestas correctas o incorrectas.

Te pido por favor que te abras a recordar la situación que la pregunta te hace.

Cuando fuiste niña

1. ¿Tu padre te hacía sentir como una niña(o) industriosa, capaz y valiosa? ¿Cómo te señalaba tus errores y tus faltas? ¿Qué te decía? ¿Recuerdas algún suceso específico?

_____

_____

_____

_____

_____

2. ¿Tu madre te abrazaba lo suficiente? ¿Sentías que el amor
era seguro? ¿Te hacía sentir como una niña bonita? ¿Cómo
te señalaba tus faltas? ¿Qué te decía?

_____

_____

_____

_____

_____

3. ¿Te sentías segura para expresar tus sentimientos? ¿Cómo
te disciplinaron tus padres?

_____

_____

_____

_____

_____

4. ¿Recuerdas dónde estaba papá cuando tenías 4-6 años? ¿Se fue de tu casa después o antes de ese momento? ¿Cómo fue el suceso?

_____

_____

_____

Actualmente

1. ¿Qué te dices cuando te ves al espejo?

_____

_____

2. ¿Qué te dices cuando te equivocas?

_____

_____

3. ¿Te das _chance_ de emprender metas y cumplirlas?

_____

_____

4. ¿Te sientes cómoda expresando tu afecto?

_____

_____

5. ¿Tienes idea de cómo sacar tu enojo?

_____

_____

Cuando fuiste niña y te enfermabas

1. ¿Qué te daba mamá cuando estabas enferma?

_____

_____

2. ¿Qué atención especial te daba papá por estarlo?

_____

_____

3. ¿Te regalaron algo dulce para ayudarte a pasar el mal trago? ¿Qué te dieron?

_____

_____

4. ¿Te ignoraron? Si lo hicieron, ¿qué te diste tú a cambio? ¿Cómo te sentiste después?

_____

_____

Actualmente

1. ¿Buscas el afecto que te daban tus padres cuando eras niña y te enfermabas?

_____

_____

_____

2. ¿Estás tratando de llamar su atención de manera cada vez más fuerte?

_____

_____

_____

3. ¿Buscas inconscientemente que la vida te dé ese dulce que perdiste en algún punto del camino?

_____

_____

_____

4. ¿Sientes no tener la aprobación de tu padre o de los chavos en general?

_____

_____

En la escuela

Cuando fuiste niña

1. ¿Qué beneficios especiales recibías en la escuela por estar enferma?

_____

_____

_____

2. ¿Qué dejabas de hacer por estar enferma? ¿Te cambiaban la fecha del examen? ¿Justificabas no haber hecho la tarea? ¿Te hacía eso sentir especial?

_____

_____

_____

3. ¿Cómo fueron contigo tus primeros maestros?

_____

_____

_____

4. ¿Cómo te corregían?

_____

_____

Actualmente

1. ¿Buscas galanes(as) complicados que te hacen sentir mal contigo misma(o)? ¿Cómo te trata el galán? ¿Por qué tipo de hombre (mujer) te sientes atraída(o)?

_____

_____

_____

2. ¿Siempre estás disgustado con algún maestro? ¿A quién te recuerda?

_____

_____

_____

3. ¿Un maestro siempre la trae contra ti? ¿A quién se parece?

_____

_____

_____

4. ¿Quieres ser la consentida del maestro y consigues exactamente lo contrario?

_____

_____

¿Historias que se repiten?

Encuentra la conexión entre tus respuestas de "cuando era niña" y tus respuestas de "actualmente".

1. ¿Cuántas similitudes encuentras?

_____

_____

_____

2. ¿Cuántos boletos de que no valías te compraste?

_____

_____

_____

3. ¿Los nombres de los personajes de tu película sólo cambian de nombre pero el libreto es el mismo? ¿Tus historias parecen tener siempre el final escrito?

_____

_____

_____

4. ¿Crees que creando y recreando la misma situación cambiará el final de la historia?

_____

_____

_____

5. ¿Qué se necesitaría para que la historia fuera diferente?

_____

_____

_____

6. ¿Asocias el amor con el abandono y el dolor?

_____

_____

_____

7. ¿Te abandonó tu padre? ¿Crees que atrayendo figuras similares sanarás la herida que traes abierta?

_____

_____

_____

Acabando con el victimismo

La víctima, a la que todo le pasa,
lo intenta y lo intenta pero siempre fracasa.

Agenda oculta de beneficios

La condición de víctima se sostiene porque te proporciona una agenda oculta de beneficios:

- *Tienes a quien echarle la culpa de tus fracasos.*

- *Justificas no tener que enfrentarte a la vida.*

- *Evitas tener que tomar decisiones.*

- *Justificas seguir haciendo cosas que te hacen sentir mal.*

- *Evades la responsabilidad de desarrollar tu potencial.*

- *Es tu manera enfermiza de ejercer control.*

Por ejemplo, si eres bulímica o comedora compulsiva, uno de los beneficios que te ofrece ser la víctima es que siempre tendrás quien te ataque, para poder justificar quien te la hizo y así sanarte la herida comiendo. Enmascaras tu falta de disciplina, y con ella evades asumir responsabilidad por tu vida.

¿Qué otros beneficios ocultos crees que existan?

_____

_____

_____

_____

Pregúntate:

1. ¿Por qué atraigo a personas que me hacen sentir mal de mí misma(o)? ¿Cómo me beneficio de ello? ¿Qué dejo de hacer por estar siempre llorando por la última *jalada* que alguien me hizo?

_____

_____

_____

_____

2. ¿Quién me devalúa, se ríe de mis sueños, piensa que no podré ser nadie en la vida? ¿Cómo me beneficio de ello?

_____

_____

_____

_____

3. ¿Por qué insisto en reestimular viejas heridas? ¿Qué justifico al hacerlo? ¿Cómo me beneficio de ello? ¿Qué es lo que en verdad no quiero hacer?

_____

_____

_____

_____

Manejando sentimientos

No existe un sentimiento bueno o uno malo.
Lo que yo haga de ellos lo determina.
Acepto todos mis sentimientos como
parte integral de mi ser.

Enojo

¿Con cuántos de estos pensamientos te identificas?

- *Me da miedo el enojo.*

- *Si me enojo, siento que ya no podré controlarme.*

- *Cuando alguien alza la voz, me pongo nerviosa inmediatamente.*

- *Yo no me enojo, me desquito. Conmigo generalmente.*

- *Si me enojo, lastimaré a alguien.*

- *Prefiero explotar por dentro que por fuera.*

¿Cuántos pensamientos propios puedes agregar?

- _____
- _____
- _____
- _____
- _____

Ejercicio

El enojo es, efectivamente, uno de los sentimientos más interesantes porque representa un reto. A nadie le gusta cómo se siente, pero al bloquear el sentimiento, bloqueamos la habilidad de expresarlo sanamente.

Contesta las siguientes preguntas

1. ¿Cómo maneja papá su enojo? ¿Es violento?, ¿me hace sentir incómoda o insegura?

_____

_____

_____

_____

2. ¿Qué hace mamá con el suyo? ¿Cómo me lo expresa?

_____

_____

_____

3. ¿Cómo manejan mis hermanos su enojo?

_____

_____

_____

_____

4. ¿Existe la clásica víctima en casa, a la que todos molestan? ¿El típico chivo expiatorio? ¿Soy yo esa figura?

_____

_____

_____

_____

5. ¿Ves patrones familiares repetidos?

_____

_____

_____

_____

6. ¿Qué hacías de niña cuando te enojabas?

_____

_____

_____

7. ¿Aprendiste a tragarte tus emociones desde chiquita?

_____

_____

_____

_____

8. ¿Sustituías el enojo por dulzura? ¿Qué comías exacta-mente? ¿Qué te calmaba?

_____

_____

_____

_____

9. ¿Qué te decías al alimentar tus dulces fantasías?

_____

_____

_____

Trabajo reflexivo

Instrucciones

Recuéstate en cama. Siente tu respiración. Sumérgete en un espacio mental seguro, confiable, cálido y luminoso. Trata de recordar con toda la nitidez posible momentos de tu infancia en donde claramente viste que el enojo era "algo malo".

¿Cómo fue el incidente? ¿A quiénes involucraba? ¿Había consecuencias?

Ahora pídele a tu enojo que encuentre otra manera de comunicarse contigo. Pídele una forma sutil de crecimiento. Admite que sobre la base de experiencias pasadas creíste que el enojo es malo, pero reconoce que en realidad no es ni malo ni bueno; es natural. Negarte a reconocerlo te llevó a la enfermedad.

Renuncia a seguir destruyéndote para no sentir tu enojo.

Sustitución de falsas creencias

Ejercicio

Cuando tú decretas algo contigo misma, lo haces ley. Tus falsas creencias pueden ser sustituidas por medio de nuevos decretos. Cuando tratas de librarte de un pensamiento, estás tratando de sacar algo de alguna parte de tu cerebro. Tienes que reposicionar la falsa creencia con un decreto que limpie el espacio donde ha habitado tu falsa creencia. Es como sacar ropa sucia de un cajón, pero antes de meter los calcetines limpios tienes que limpiarlo.

Si tu creencia es: las niñas bonitas no se enojan.
Tu nuevo decreto es: tengo derecho a ser. Todo ser humano se enoja. Me doy permiso de expresar mi enojo en el lugar, en la manera y en el momento apropiado. Amo todas mis emociones, amo las emociones de todos los seres humanos. Todos me amarán en la medida en la que me ame a mí misma. A pesar de mi enojo, sigo siendo un ser digno.

Si tu creencia es: mis padres expresan enojo negativo.
Tu nuevo decreto es: no tengo por qué heredar los problemas de mis padres. Nadie tiene los padres perfectos. Ellos son humanos, tan llenos de confusiones como yo. No tienen las respuestas y los perdono. Puedo superar las limitaciones. Sus creencias y sus vivencias no tienen por qué ser las mías. A la primera que beneficia el perdonarlos es a mí. Decido perdonar y dejar de destruirme.

Si tu creencia es: enojarse es malo.
Tu nuevo decreto es: enojarse es natural; parte de la experiencia humana. Ningún sentimiento es bueno o malo, es lo que yo haga de ese sentimiento lo que determina mi vivencia.

Identifica ahora tu sistema de creencias con respecto a esta emoción y el nuevo decreto propio que la sustituye:

1. Creencia: _____

_____

Nuevo decreto: _____

_____

_____

2. Creencia: _____

_____

_____

Nuevo decreto: _____

_____

_____

3. Creencia: _____

_____

Nuevo decreto: _____

_____

_____

4. Creencia: _____

_____

Nuevo decreto: _____

_____

_____

5. Creencia: _____

_____

Nuevo decreto: _____

_____

_____

Trabajo físico

Ábrete a expresar tu enojo de manera sana y en la forma correcta. El ejercicio, una caminata en este caso resulta bueno, siempre y cuando tu intención sea "movilizar" el sentimiento y no una oportunidad para ponerte a quemar calorías. Escuchar música, entrar en el estado de ánimo para verlo y luego soltarlo es súper terapéutico. Es mucho más sano salir a caminar que pretender que no pasa nada pero siempre terminar con la cara en el escusado.

Angustia

La angustia es el constante nerviosismo, que te orilla a hacer cosas a tu pesar: compras sin parar; hablas sin parar; comes sin parar... lo que sea, lo haces sin parar.

¿Con cuántos de estos patrones mentales te identificas?

- No puedo dejar de comer voluntariamente.

- Freno mis atracones con un cigarro.

- Si no como algo dulce, nada tiene sentido.

- Si no hago ejercicio compulsivamente, no logro controlarme.

¿Cuántos patrones mentales propios puedes agregar?

- _____

- _____

- _____

a. Contesta las siguientes preguntas

1. ¿Cómo maneja tu padre sus nervios? ¿Explota? ¿Se la vive en el trabajo? ¿Va corriendo tras algo todo el día? ¿O es totalmente pasivo frente al televisor?

_____

_____

_____

_____

_____

2. ¿Qué hace tu madre con su angustia? ¿Cómo te la expresa? ¿Llora sin parar? ¿No para de gritarle a tu padre que se pare y se ponga a hacer algo de provecho?

_____

_____

_____

_____

_____

3. ¿Ves en ti algún patrón similar?

_____

_____

_____

_____

_____

_____

4. ¿Cómo manejan tus hermanos su angustia? ¿Se van de fiesta con los amigos? ¿Te dejan a ti sola con el paquete?

_____

_____

_____

_____

5. ¿Que hacías de niña cuando te ponías nerviosa? ¿Te comías la uñas? ¿Eras patológicamente tímida o seductoramente atrevida?

_____

_____

_____

_____

Trabajo reflexivo

Pídele a tu angustia que encuentre otra manera de comunicarse contigo. Por lo menos una vez al día recuéstate en tu cama boca arriba; respira hondo varias veces. Piensa que en cada inhalación respiras paz y en cada exhalación espiras alivio. Imagínate flotando en una nube blanca;

puedes ver tu casa desde esa nube. Flotas y te elevas en ella, llegando cada vez a niveles más profundos de relajación. Estás envuelta en la luz, tu cuerpo vibra con esa luz. Estás totalmente a salvo.

Repite: "El mundo es un lugar seguro. No necesito nada para llenarme. Estoy plena. Soy un ser completo".

b. Sustitución de falsas creencias

Si tu creencia es: comiendo logro aquietar mis nervios.
Tu nuevo decreto es: estoy completa aquí y ahora y en todo momento. Soy un ser pleno. No necesito de nada para calmarme porque no existe nada de lo cual tenga que protegerme. El universo es un lugar seguro.

Si tu creencia es: sólo haciendo algo compulsivamente logro estar en paz.
Tu nuevo decreto es: no necesito de algo externo para sentirme plena. Nací plena, soy plena. No tengo nada que temer, estar quieta es estar en paz. Me permito sentirme en armonía con el Todo. Todo está bien en todo momento. Me doy permiso de estar tranquila.

Identifica ahora tu sistema de creencias con respecto a esta emoción y el nuevo decreto propio que la sustituye:

1. Creencia: _____

_____

_____

Nuevo decreto: _____

_____

_____

2. Creencia: _____

_____

Nuevo decreto: _____

_____

_____

3. Creencia: _____

_____

Nuevo decreto: _____

_____

_____

4. Creencia: _____

_____

Nuevo decreto: _____

_____

_____

_____

5. Creencia: _____

_____

Nuevo decreto: _____

_____

_____

_____

Soledad
¿Con cuántas de estas frases de identificas?

- *Nadie me quiere.*

- *No soy digno.*
- *Me siento vacío todo el tiempo.*

- *Aunque esté con la gente, me sigo sintiendo aislada.*

- *Los demás me rechazan.*

- *Nadie me entiende.*

- *La vida es un valle de lágrimas.*

¿Cuántas frases propias se te ocurren a ti?

- _____

- _____

- _____

- _____

- _____

- _____

- _____

a. Contesta las siguientes preguntas

1. ¿Cómo maneja tu padre su soledad? ¿Siquiera la siente? ¿Se la pasa en el trabajo para evadirla? ¿Bebe alcohol de vez en cuando o de vez en mucho? ¿Nunca hablan del tema?

_____

_____

_____

_____

2. ¿Qué hace tu madre con su soledad? ¿Llora como una mártir? ¿Bebe igual que tu padre? ¿Hace ejercicio sin parar o se instala frente al televisor a comer día y noche?

_____

_____

_____

_____

3. ¿Qué haces cuando te sientes sola?

_____

_____

_____

4. ¿Cómo manejan tus hermanos su soledad? ¿Toman alguna droga o alcohol?

_____

_____

_____

5. ¿Qué hacías de niña cuando te sentías sola? ¿Bajabas a buscar algo dulce al *refri*? ¿Te daba un sueño incurable? ¿Siempre parecías tener frío aunque fuera un día caluroso?

_____

_____

_____

_____

b. Sustitución de falsas creencias

*Si **tu creencia** es*: nadie me comprende, estoy sola en la tierra.
*Tu **nuevo decreto** es*: la única comprensión que debo buscar es la mía. Tengo que ser mi mejor amiga.

*Si **tu creencia** es*: la vida no tiene sentido, me siento desconectada de todos.
*Tu **nuevo decreto** es*: soy una con el Todo. Me permito sentirme parte integral del mundo. Yo valgo lo suficiente para estar aquí.

*Si **tu creencia** es*: si me aislo de los demás, no tendré que ser lastimada.
*Tu **nuevo decreto** es*: El mundo es un lugar seguro. Si yo me amo lo suficiente, podré enfrentar el mundo; por encima de las crueldades sociales, atraeré a mi vida a las amistades correctas.

Identifica ahora tu sistema de creencias con respecto a esta emoción y el nuevo decreto propio que la sustituye.

1. Creencia: _____

_____

Nuevo decreto: _____

_____

_____

2. Creencia: _____

_____

Nuevo decreto: _____

_____

_____

_____

3. Creencia: _____

_____

Nuevo decreto: _____

_____

_____

_____

4. Creencia: _____

_____

Nuevo decreto: _____

_____

_____

_____

_____

5. Creencia: _____

_____

_____

Nuevo decreto: _____

_____

_____

_____

Rompiendo la ruta mental detrás del *atracón-purga*

Para que entiendas lo vital del "cómo te hablas a ti mismo" y el poder de las palabras, considera este ejemplo.

Alguna vez te ha pasado que te despiertas sin recordar tu sueño, pero conservas vagas imágenes, no como una historia completa e hilada, sino más bien como una serie de sensaciones... De repente, yendo tan tranquila por tu día, alguien dice algo que hace que como por arte de magia recuerdes inmediatamente tu sueño, con toda una secuencia lógica y completa.

Hay palabras que dan acceso al poder de tu inconsciente. "Comandos". Aunque hay comandos universales, cada quien se habla a sí mismo de manera única.

Los entrenadores de los más destacados atletas y líderes mundiales utilizan el poder de los comandos inconscientes, la palabra, que es en sí la esencia de la programación lingüística. El caso del tenista André Agassi y su milagrosa reentrada al deporte y posterior retirada como elegante campeón fue producto de un entrenamiento basado en lineamientos de pnl (programación neurolingüística).

Pero antes de que puedas convertirte en un campeón(a) de tenis, tienes que aprender a dejar de vomitar. Este espacio de trabajo es el que requerirá mayor reflexión. Date tiempo; no hay prisa por llenar las respuestas que armarán tu ruta de salida. Y créemelo, esta técnica la puedes aplicar a cualquier área de tu vida.

Escucha bien con qué tipo de palabras te comunicas contigo, con qué recuerdos las asocias. Pon atención.

¿Cómo hablo conmigo?

Antes de que decidieras salir por un bocadito, algo pasó en tu mente, algo escuchaste o algo te dijiste que te hizo sentir que tenías que salir a comer algo de inmediato.

¿A quién viste? ¿De qué te acordaste? ¿Qué reestimuló en ti? ¿Recuerdas alguna palabra clave que haya sido detonadora?

Reposición de pensamientos: anoréxico/bulímico/compulsivo

Tú tienes una serie de frases, comandos, formas de convencerte a ti misma de que debes darte *chance* de atracarte una vez más, pese a todas las otras promesas que ya te habías hecho.

Esa frase va hilada a un comando inconsciente que permite que puedas seguir teniendo el pensamiento inicial. El beneficio oculto es la justificación con la cual sostienes el comando inconsciente; cuando ubicas este beneficio y te frenas para observar lo que realmente hay detrás, detienes el patrón por medio de la reflexión. La reflexión te lleva a la reposición del pensamiento. La reposición del pensamiento te da ese tiempo, ese intervalo, ese espacio *crucial*, que hace la diferencia entre que salgas disparada a comer o no.

Al principio requiere de mucha práctica y fuerza de voluntad, pero ten paciencia. Así como trazaste la ruta de la adicción y tus síntomas empezaron a operar en control automático, de igual forma trazarás el camino de recuperación hasta que éste también vaya en piloto automático.

Los siguientes pensamientos son conocidos entre todos los que padecen un desorden alimenticio. Lo importante es que veas cómo puedes ir desmoronando tu proceso de pensamiento que justifica y sostiene el negativo, para reponerlo con el constructivo.

Trabajemos con este ejemplo: **"Me lo voy a comer, total, siempre puedo vomitarlo"**.

Ésta es tu comunicación consciente para justificar la acción.

El comando inconsciente es: sé que vomitar es degradante, pero también sé que eso es lo que merezco. Me siento mal y me quiero sentir aún peor, porque efectivamente, no valgo.

El beneficio oculto es lo que sostiene tu adicción; en este caso, uno de ellos podría ser:

Beneficio oculto: si estoy comiendo o vomitando, no tengo que estudiar, saboteo la escuela y justifico poder seguir alimentando mi adicción. Siempre tengo quien me haga daño para justificar seguir castigándome.

Otro podría ser:

Beneficio oculto: si estoy vomitando y por eso repruebo el examen, no tengo que enfrentar que soy tonta, o no tan inteligente como pensaba. Si estoy enferma, nadie, ni yo misma, puede esperar nada realmente de mí y puedo seguir haciendo justo lo que estoy haciendo. Qué flojera cambiar.

Una vez identificado un beneficio oculto (tu ganancia inconsciente propulsora del ciclo), podrás frenarte, para iniciar el proceso reflexivo que abre a la reposición de tu pensamiento.

Reflexión: sé que la historia termina sintiéndome peor y echando a perder otras áreas de mi vida también. Sé que la satisfacción del atracón dura poco, y que me puedo gastar todo mi dinero y no sentirme mejor. Me siento mal, pero definitivamente no quiero sentirme peor.

Reposición de pensamiento: como no quiero vomitar, seguramente no debo comerme esto. La autodegradación disfrazada de caramelo es una falsa salida. Necesito ver qué es lo que falta en mi vida.

Ahora, practiquemos con este proceso de pensamiento: **"Necesito atracarme para deshacerme de este sentimiento de ansiedad"**.

Comando inconsciente: la comida sirve como mi aspirina, mi cobija emocional, con la que trato de llenar todos mis sentimientos de vacío y con la cual me protejo de los demás.

¿Qué otro comando inconsciente agregarías?

_____

_____

_____

_____

Beneficio oculto: quiero salir huyendo de mis problemas y justificar mi falta de disciplina con el eterno "calmar mis nervios y ansiedad". Siempre encontraré la manera de crear una situación que me produzca ansiedad, para saber que podré seguir comiendo. Por lo menos ya sé cómo acaba la historia.

¿Qué otros beneficios ocultos agregarías?

_____

_____

_____

_____

Reflexión: sé que los vacíos no se llenan y los huecos no se tapan. No importa cuánto coma, un rato después de comer me volveré a sentir ansiosa y vacía.

Reposición de pensamiento: me siento enojada y vacía, necesito enfrentar estos sentimientos directamente. ¿Qué necesito, qué me estoy pidiendo a gritos?

Atracarme no soluciona absolutamente nada. Mi verdadera necesidad es afectiva. No importa cuánto la cubra con comida; no se tapará. Tengo que enfrentar todos esos vacíos de los que tanto he venido huyendo.

Ahora intenta con estos ejercicios:

1. Sé que seré feliz si pierdo 3 kilos.

Comando inconsciente: la felicidad es cuestión de peso. Mientras menos pese, mejor será mi vida.

Beneficio oculto: a menos peso, mayor felicidad, y más me convierto en el centro de atracción, aunque sea por estar enferma.

¿Qué otros beneficios ocultos agregarías?

_____

_____

_____

Reflexión: la cancioncita de sólo un kilito menos la he escuchado varias veces, y nunca me lleva al final que quiero, ¿por qué sigo corriendo tras algo inalcanzable?

Reposición de pensamiento: los últimos tres kilos que perdí no me hicieron feliz. La felicidad no es cuestión de peso, o literalmente me voy a matar por conseguirlo.

2. Si no como nada, no tengo que preocuparme por vomitar.

Comando inconsciente: no comer es la manera de mantener el control. Evita la toma de la decisión.

Beneficio oculto: no comer me hace sentir elevada, creer que sí tengo disciplina, que sí soy mejor que los demás, que sí quiero mi sueño lo suficiente, que no soy del montón.

Reflexión: llego a desear mi sueño tanto, que acabo atascándome por conseguirlo. Mis expectativas no son reales. El perfeccionismo es una forma de sabotaje.

Reposición de pensamiento: pero ayunar, por lo general siempre me lleva a otro atracón. ¡Me estoy metiendo el pie yo sola!

3. Este desorden alimenticio no es real; puedo hacer lo que quiera. No pasa nada. Todo lo que dicen que puede suceder, no me sucederá.

Beneficio oculto: cada vez que me *salgo con la mía* reestimulo mi necesidad de comprobarme que sí soy especial, que soy de las que se puede *salir con la suya*.

Reflexión: pero últimamente las noticias han estado llenas de chavas que parecían estar *saliéndose con la suya*; esto es un problema. No importa cuánto huya; es una carrera perdida, me alcanzará. Más vale enfrentarlo ahora.

Reposición de pensamiento: necesito aceptar el hecho de que tengo un desorden alimenticio. La aceptación es un paso importante de mi recuperación.

4. Sé que fumo para dejar de comer, sé que hace daño, pero como ese daño no se ve, no me importa. Yo sólo quiero ser bonita.

Comando inconsciente: estoy dispuesta a cualquier cosa. Yo sí tengo agallas.

Beneficio oculto: si me muero, por lo menos ya no tendré que hacer más preguntas y moriré siendo lo que todos consideran éxito. Morir por algo que uno quiere es mejor que vivir sin creer en nada.

Reflexión: la vida tiene que ser más de lo que veo; si no, ¿qué sentido tendría? Me estoy matando por ser delgada, literalmente me lo estoy haciendo. Lo que hago no tiene ningún sentido.

Reposición de pensamiento: voy a mandar a todos esos mensajes *a la goma*. Me niego a escuchar una voz que no sea la que desea mi bien y mi felicidad.

Escribe ahora cinco pensamientos tuyos con los cuales te justificas para reincidir en un episodio anoréxico/bulímico/compulsivo.

Pensamiento consciente: la frase con la que te convences

Comando inconsciente: justificación

Beneficio oculto: ganancia secundaria que reproducir el patrón te brinda (como apoyo, ver lista de beneficios ocultos de victimismo, segunda parte, punto 3).

1. Pensamiento consciente.

_____

_____

_____

Comando inconsciente:

_____

_____

_____

Beneficio oculto:

_____

_____

_____

Reflexión:

_____

_____

_____

Reposición de pensamiento:

_____

_____

_____

2. Pensamiento consciente.

_____

_____

_____

Comando inconsciente:

_____

_____

_____

Beneficio oculto:

_____

_____

_____

Reflexión:

_____

_____

_____

Reposición de pensamiento:

_____

_____

_____

3. Pensamiento consciente.

_____

_____

_____

Comando inconsciente:

_____

_____

_____

Beneficio oculto:

_____

_____

_____

Reflexión:

_____

_____

_____

Reposición de pensamiento:

_____

_____

_____

4. Pensamiento consciente.

_____

_____

_____

Comando inconsciente:

_____

_____

_____

Beneficio oculto:

_____

_____

_____

Reflexión:

_____

_____

_____

Reposición de pensamiento:

_____

_____

_____

5. Pensamiento consciente.

_____

_____

_____

Comando inconsciente:

_____

_____

_____

Beneficio oculto:

_____

_____

_____

Reflexión:

_____

_____

_____

Reposición de pensamiento:

_____

_____

_____

Antes de salir por un atracón, sólo pregúntate

¿Qué falta en mi vida?

¿Cuánto me voy a seguir gastando en mi barril sin fondo?

¿Cuántas otras cosas me podría comprar con ese dinero?

¿Cómo sé que no es el próximo atracón el que me quitará la vida?

En caso de recaída

Es vital que comprendas que la recaída es parte natural del proceso de recuperación. El éxito se logra gradualmente, expandiendo más y más los intervalos entre un incidente y el otro.

Si estás molesta, ¡bravo! Te felicito. Estar molesta es señal de que tienes autoestima. Antes, estar tirada era tu estado natural. Ahora te caíste, es diferente. Perdónatela; acuérdate, esto es una lección. Mientras más rápido te perdones, mejor.

En vez de criticarte con el clásico: "ya lo sabía, ¡siempre la riego!", mejor reflexiona:

¿Qué pasó? ¿A quién viste? ¿Qué te dijo esa persona?

¿Qué situaciones se combinaron para que cayeras? ¿Fue la presión de un examen? ¿Tuviste algún sueño en particular? ¿Qué fue diferente a otras veces en donde sí fuiste capaz de controlarte?

Reflexiona fuera de toda crítica.

Créemelo.

Sí es posible mandar al síntoma
a remisión permanente.

Es cuestión de práctica.

Ánimo, sóbate, ponte un curita
y ¡arriba corazones!

Comunicación
con los síntomas

Cada enfermedad escoge síntomas particulares con los cuales trata de comunicarse contigo. Detrás de los síntomas hay un mensaje: lo que tu cuerpo y tu inconsciente te quieren decir, pero que tú no has querido escuchar. Detrás del mensaje se encuentra la sabiduría, la reflexión afirmativa del comando mental que sustituye tu falsa creencia.

Permite que las afirmaciones impregnen tu inconsciente; permite que tu inconsciente trabaje contigo. Ábrete a la fuerza de un ser superior a ti, al cual unes tu voz al repetir la afirmación divina.

ANOREXIA		
Síntoma	**Mensaje**	**Afirmación**
Amenorrea (detención del ciclo menstrual)	Odio la vida No quiero ser mujer Quiero seguir siendo niña Me da culpa el sexo	Soy digna y valiosa sólo por ser. La forma física es sólo una manifestación humana; mi esencia es divina, donde no hay culpa, ni error. Me doy el derecho de ser. Soy una con

ANOREXIA		
Síntoma	**Mensaje**	**Afirmación**
	Me odio a mí misma Ya no quiero vivir	mi ser creador. El ser creador es un ser de luz que busca mi realización. Yo me veo y veo al mundo a través de sus ojos. ¡Soy!
Automutilación	Me odio Odio a los demás La vida es dolor Si aprendo a controlar el dolor, tendré el control de la vida Vivir es sufrir	Me rehúso a desear el dolor como una forma de placer y liberación. El amor no tiene que doler. Tengo derecho a vivir la vida, no la obligación de sufrirla. Me entrego a los ojos de un poder superior. Esos ojos me ven desde la luz, porque son la luz que brilla en mí.
Problemas dentales	No tengo agresividad para enfrentar retos No sé cómo masticar los golpes de la vida	La fortaleza es mi derecho. Me doy el derecho a ser fuerte, me libero de la culpa y la vergüenza, me doy permiso de recuperar mi fortaleza para expresarla positivamente, me considero digna y valerosa para enfrentar la aventura de la vida.
Descalcificación	No tengo la fuerza para pararme por mí misma Quiero desintegrarme No tengo conexión con la tierra Siento que la vida no vale nada	Merezco ser. Merezco manifestarme físicamente. Merezco pararme firme ante la vida. Soy parte integral del planeta; soy una con el Todo. Tengo el derecho a mantenerme en pie.
Constipación y molestias abdominales frecuentes	Me niego a soltarme Soy controladora	Aferrarme a mis ideas es una enfermedad de mi ego; mi Ser es mucho más que eso. Me doy

ANOREXIA		
Síntoma	Mensaje	Afirmación
		la libertad para fluir y dejar que mi cuerpo sea una extensión del orden de la Vida. La vida es un eterno proceso de cambio; me doy permiso de fluir con el orden natural de ella.
Padecimientos dermatológicos	Quiero mostrarme a mí y a los demás que algo está mal Me quiero encubrir de los demás	Acepto que vivo en el mundo de la dicotomía, oscilando entre el extremo de la culpa y el extremo del narcisismo. Me abro a ver los daños que me he causado. Perdono a aquella persona que no haya perdonado, perdono mi inhabilidad de perdonarme a mí misma, perdono todo. Me libero del juicio.
Pérdida del pelo	Autocastigo Pérdida de conexión con la tierra	No necesito debilitarme más para abrir los ojos. Todo cuanto he perdido es recuperable, me permito recibir del alimento lo sagrado que he perdido, que vuelva a nacer en mí la raíz de la vida.

Preguntas para tu proceso reflexivo:

1. ¿Por qué me niego la vida?

2. ¿Quién me dijo que la vida era mala?

3. ¿Por qué le creí a esa persona?

4. ¿Quién era? ¿Qué papel jugaba en mi vida?

5. ¿Por qué siento culpa ante mi cuerpo?

6. ¿Alguien agredió mi cuerpo cuando era niña(o)?

7. ¿Con qué voz me hablo cuando me digo cosas malas? ¿Suena como la de papá, mamá, o de quién más?

8. ¿Qué me digo para bloquear los retortijones de hambre?

9. ¿Qué me repito cuando deliro de cansancio y quiero comer?

10. ¿Cómo bloqueo mi hambre? ¿Qué me digo?

11. ¿Cómo justifico matarme de hambre?

12. ¿Qué es lo que no puedo o no quiero tragar?

13. ¿Qué beneficios me brinda matarme de hambre?

14. ¿A qué sentimiento de seguridad me estoy afianzando?

15. ¿A qué me niego a enfrentarme?

16. ¿Por qué le tengo pavor a la gordura?

17. ¿Criticaban tus padres abiertamente a los gorditos?

18. ¿Adoptaste sus creencias? ¿Crees que la comida es "mala"?

19. ¿Sientes a tu padre distante aunque viva en tu casa?

20. ¿Nada de lo que haces parece ser suficiente?

21. ¿Piensas que algo malo te sucederá si te conviertes en mujer?

BULIMIA		
Síntoma	**Mensaje**	**Afirmación**
Cara, manos y pies hinchados (consecuencias de deshidratación)	No proceso mis emociones Estoy atorada La vida me pesa	Me doy permiso de fluir con la vida. El mundo es un lugar seguro. Mi cuerpo es un canal por el que la energía divina fluye. Me entrego a esa fuerza sin resistencia alguna.
Candidiasis	Me juzgo a mí misma Tengo culpa por mi sexualidad El placer es malo	Me libero de mi juicio. Me perdono de todo. Perdono a todos por todo. Perdono mi inhabilidad de perdonar. Me libero de mi condena. Entrego mi juicio a un ser superior.
Cáncer de esófago Esofagitis	Me odio a mí misma Me revienta la sociedad Tengo ganas de explotar No soporto cómo funciona la vida	Me doy permiso de decir lo que en realidad pienso. Me doy permiso a tener opiniones personales y a expresarlas de manera adecuada. Me concedo la capacidad de ser impecable en mi palabra.
Trastornos renales	Me rehuso a procesar mis juicios de manera sana Vivo en la autocondena	Me libero de mi juicio. Me perdono por todo. Perdono a todos por todo. Perdono mi inhabilidad de perdonar. Me libero de mi condena. Entrego mi juicio a un ser superior.
Trastornos intestinales (estreñimiento constante debido al abuso de laxantes)	Me niego a deshacerme de pensamientos negativos, a modificar patrones mentales y a manejar mi sentido de culpa	Aferrarme a mis ideas es una enfermedad de mi ego, mi ser es mucho más que eso. Me doy la libertad para fluir y dejar que mi cuerpo sea una extensión del orden de la vida. La vida es un eterno proceso de cambio; me doy permiso de fluir con el orden natural de ella.

BULIMIA		
Síntoma	**Mensaje**	**Afirmación**
Hernias hiatales	Estoy incompleto Los demás no me quieren La vida es angustia	Me doy permiso de sentirme en paz. Me doy permiso de sentirme pleno y seguro. Estoy a salvo.
Indigestión crónica	La vida se me atora Me rehúso a procesar mis emociones No trago a la sociedad	Me doy permiso para merecer. Fluyo con mis sentimientos. La vida fluye armónicamente y yo me permito hacer lo mismo. Me libero de mis preciadas opiniones. Me doy permiso a relajarme y a permitir que las cosas sucedan con el orden invisible del Todo.
Infecciones urinarias y vaginales	Me critico cruelmente a mí misma y a los demás Me rehúso a fluir con la vida Me niego el derecho al placer	Me libero de mi juicio. Me perdono de todo. Perdono a todos por todo. Perdono mi inhabilidad de perdonar. Me libero de mi condena. Entrego mi juicio a un ser superior.
Pérdida del pelo	Autocastigo Pérdida de conexión con la tierra Desenfreno de pasiones	No necesito debilitarme más para abrir los ojos. Todo cuanto he perdido es recuperable. Me permito recibir del alimento lo sagrado que he perdido, que vuelva a nacer en mí la raíz de la vida.

Preguntas para tu proceso reflexivo:

1. ¿Por qué asocio el amor con el dolor?

2. ¿Qué pasó en mi vida que me llevó a creer que el amor tiene que doler?

3. ¿Quién me degradó cuando era niña?

4. ¿Por qué le creí a esa persona?

5. ¿Por qué me degrado yo?

6. ¿Por qué me rehúso a ver que hay un valor más allá de la apariencia? ¿Por qué siento que si no soy atractiva no seré nadie?

7. ¿Por qué insisto en seguir atrayendo a personas nocivas a mi vida?

8. ¿Qué recuerdo de la infancia me reestimula?

9. ¿Por qué creí que no valía?

10. ¿La aprobación de quién sigo buscando, pero nunca parezco encontrarla?

11. Ser delgada y bonita me da licencia para...

12. ¿Qué es lo que vomito de la vida?

13. ¿Por qué me critico tan despiadadamente?

14. Cuando me critico, ¿con la voz de quién lo hago? ¿Se parece a la de papá? ¿A la de mamá? ¿A la de algún maestro?

15. ¿Por qué tengo que atraer la atención del sexo opuesto todo el tiempo?

16. ¿Por qué pierdo el interés en un chavo una vez que lo conquisto?

17. ¿Por qué siempre acabo queriendo al chavo que no me quiere?

18. ¿No he visto ya la película de "yo siempre termino sola" demasiadas veces?

19. Al paso que voy, ¿cuántas heridas más tendré que sanarme?

20. ¿Cuándo voy a cambiar ese libreto?

COMEDORA COMPULSIVA		
Síntoma	**Mensaje**	**Afirmación**
Diabetes	La vida es una amarga experiencia Siempre doy más de lo que recibo	Me libero de mi resentimiento. Me libero de mi "deber ser". Me doy permiso de ser lo que en realidad quiero ser.
Enfermedades cardiovasculares	Siento presión Tengo miedo a no tener cómo proveerme a mí misma La vida me cansa	Fluyo con la abundancia divina. Me doy permiso a recibir. Me doy permiso a fluir libremente con el orden natural de la vida.
Enfermedades articulares	Me niego a soltar mis ideas Soy rígido y crítico en mis pensamientos	Afianzarme a mis creencias y opiniones obstruye mi camino. Suelto mi necesidad de querer estar bien.
Hipertensión arterial	Siento que cargo con el mundo Todo siempre me pasa El mundo es un lugar peligroso	Me permito ser flexible en mis pensamientos y justo en mis críticas. Estoy plena en todo momento. Me libero de mi estado de susto constante.
Hipercolesterolemia	Me encanta estar nervioso A través de mi nerviosismo controlo a los demás	Estoy tranquila y a salvo. No necesito llamar la atención de forma negativa. Libero mi necesidad de controlar a los demás.
Problemas gastrointestinales	Me niego a fluir La vida se me atora	Me abro a liberar mi necesidad de estar en lo correcto. Me libero de mis preciadas opinio-

COMEDORA COMPULSIVA		
Síntoma	**Mensaje**	**Afirmación**
	La vida es una serie de problemas	nes. La vida es una transición armoniosa. Me permito fluir con ella.
Problemas de vesícula biliar	Me niego a reconocer mi enojo Soy la que siempre carga con el paquete Debería sentirme, y debería hacer, son mi ley	Todas mis emociones son dignas y valiosas. Me doy permiso de expresar mi enojo de manera segura. A pesar de mi enojo soy digna y valiosa.

Preguntas para tu proceso reflexivo:

1. Realistamente, ¿en qué puedo convertirme? (cierra todas las revistas que ya impusieron "la talla" del éxito. Pregúntate y se honesta: ¿me gusto con mis kilitos de más? ¿Puedo mejorarme?)

2. ¿De quién me estoy protegiendo?

3. ¿De quién me quiero esconder?

4. ¿Qué quiero tapar? ¿A qué le tengo miedo?

5. ¿Hay alguna historia de abuso sexual en mi familia?

6. ¿Por qué siento que tengo que castigarme?

7. ¿Quién me dijo que no valía?

8. ¿Por qué le hice caso a esa persona? ¿Qué rol jugaba en mi vida?

9. ¿Por qué me niego a merecer felicidad?

10. ¿Quién me insultaba de niña?

11. Cuando yo me insulto ahora, ¿parece que repito una cantaleta conocida?

12. ¿Qué es lo que en verdad me duele y no quiero sentir?

13. ¿Por qué quiero esconder mi sensualidad?

14. ¿Quién me dijo que el cuerpo era malo y que se debía castigar?

15. ¿Cómo me castigaban mis padres de chiquita(o)?

16. ¿Me siento culpable simplemente por estar viva?

17. ¿Qué pasó que me hiciera pensar así?

18. ¿Por qué me niego a expresar mis emociones?

19. ¿Qué es lo que más se me atora en la vida?

20. ¿Cuándo me daré permiso de ser feliz?

¿Qué dejo de hacer por tener este síntoma?

Los síntomas de una enfermedad se manifiestan como protección y justificación a algo que no queremos hacer y con lo cual no queremos enfrentarnos conscientemente. El síntoma corporal es la manifestación del mensaje del inconsciente.

Por ejemplo, si tu síntoma es constipación, pregúntate: "¿qué estoy tratando de evitar por estar constipada?" ¿Alguna actividad en particular? ¿Es para evitar tener contacto sexual con el galán? ¿Es para evitar hablar abiertamente de algún otro tema que te hace sentir incómoda?

Reflexiona: ¿Qué te gustaría hacer pero no te atreves, y te estás castigando por ello? Hay algo que seguramente deseas hacer, pero tu condición de enferma te lo impide. ¿Qué es ese algo?

Otro ejemplo: en realidad quisieras abrirte a descubrir tu sexualidad, pero la escuela de monjas, tu mamá, tu papá, todos te dijeron que era malo. Para bloquear tu deseo genuino te provocas una serie de pequeñas "itis", desde la clásica y a veces imperceptible cistitis (infección en vías urinarias), a la típica vaginitis (sobreproducción de cándida en la vagina), y así evitas sentir ganas de sexo. El cuerpo te habla con la honestidad que ningún médico se atrevería jamás.

Reflexiona acerca de los síntomas y con cada uno aplica el mismo proceso de raciocinio.

Haciendo las paces

Los desórdenes alimenticios son una lección de perdón. El perdonar genuino es difícil, porque para llegar a él hay que atravesar por una fase de enojo, coraje sano ante las desdichas experimentadas, el daño recibido y el daño que causamos.

Los seres humanos nos lastimamos cruelmente. Nos cobramos caro no ser lo que sentimos que debemos ser para merecer amor, comprensión, cariño.

Es momento de hacer las paces.

Nadie tuvo los padres perfectos; nadie tuvo la niñez y mucho menos la adolescencia color de rosa; todos quedamos con huecos y faltantes. Mientras no perdones a quien fue causante de tu vivencia, no podrás salir.

Piensa que si no recibiste la aprobación, el cariño y el

afecto que tanto anhelabas, no fue porque no fueras merecedora de él; no te fue dado por las limitaciones de los seres de quienes lo esperabas.

Reflexiona: ¿Quién me ha lastimado? Trae a esa persona frente a ti, exprésale tu enojo por haberte lastimado y manifiéstale tu perdón genuino.

Haz el proceso con cuantas personas sea necesario. Ésta es tu oportunidad para trascender tus resentimientos.

El perdón sana la herida.
El poder del perdón es la experiencia
que libera la enfermedad.

Ejercicio

Cartas de perdón

Hagamos el proceso de perdón por escrito. No te preocupes por cómo lo escribes, es la profundidad de tu sentir lo que en realidad importa.

1. Me perdono a mí misma por haberme tratado mal, por no ser perfecta, por...

_____

_____

_____

2. A ti, papi, cuya aprobación sigo buscado y sólo logro destruirme, te perdono por...

_____

_____

_____

3. A ti, mami, que siempre me hiciste sentir que tenía que ser más para merecer cariño, te perdono por...

_____

_____

_____

4. ¿A quién más necesitas perdonar?

_____

_____

_____

TERCERA PARTE:
REFLEXIONES, ÚLTIMAS NOTICIAS
y *demás*

Reflexiones, historietas y últimas noticias

¿Qué hay en un nombre?

En el nombre de la moda
Experimentamos en changos
hasta llevarlos a la ceguera.
Matamos de la manera más cruel
a focas bebés para llevar
el mejor abrigo de pasarela.

En el nombre del progreso
Taladramos bosques y desequilibramos el planeta,
intensificando desastres, tragándonos a ciegas historietas
y volviéndonos cada vez más marionetas.
Hay inundaciones, temblores, sequías,
pero el eterno "no pasa nada"
perpetúa la mala fantasía.

En el nombre de Dios...

De las Cruzadas a la Edad Media,
de Israel a Palestina, de Bosnia a Herzegovina,
en el nombre de Dios y del poder, el ser humano
ha hecho de la Tierra una pesadilla.

No dejes de cuestionar lo que hay detrás de un
nombre. ¿En el nombre de qué te mueves tú?

Reflexión: el mundo en el que vives.
¿Crees que los continuos y cada vez más frecuentes desastres naturales están totalmente desligados de las guerras y otros abusos al planeta? Y ¿dónde encajan los desórdenes alimenticios dentro de todo esto? ¿Qué hemos perdido? ¿Por qué nos rehusamos a rectificar el camino?

Un domingo en Egolandia

Adaptaciones de hechos de la vida real...

Definiciones:

Teens: Mujer: dejó atrás el corpiño, entre 13 y 19 años. Hombre: todo en el cuerpo le queda raro. A ambos les cuesta pensar más allá de la última hormona.

Tes: Mujer de 20 a 29: persigue la felicidad atracón tras atracón. Hombre: persigue la suya acostón tras acostón.

Tas: Mujer de 30 a 39: persigue la felicidad *bótox* a *bótox* y *lipo* a *lipo*. Hombre: persigue la suya *secre* a *secre* en las interminables juntas de trabajo.

Doble tas: Mujer de 40-50: *cuero* madura, más de talla 3, representación del pánico de la mujer canjeada por la *teen*. Hombre: canoso e interesante con interés insaciable por las *teens*.

Jurasic Park: Mujer de 50 en adelante: obsesionada tratando de vivir los *teens* que nunca tuvo, los *tes* que se le fueron en la búsqueda absurda de los *teens* perdidos y los *tas* evadidos. Hombre: no soporta los *tas* de la mujer y los tapa con *tes* y eventuales *teens*.

En Egolandia todos sueñan con la figura perfecta y la talla menor.

La búsqueda de la solución al consumo del carbohidrato y la constante suma y resta de calorías es el pasatiempo oficial. La gente que consume carbohidratos es tratada como ciudadana de segunda; las que los consumen y se les nota, de tercera; las que los consume y los vomitan, de primera, y las que están elevadas más allá del último carbohidrato son iluminadas, la *elite*.

La que en sus *teens* y *tes* se iluminó al grado que se le desaparecieron los senos, pero que en sus *tas* se los puso de silicón, es progresista y vanguardista. Ella sí sabe satisfacer las necesidades del mercado. Quizá en el *Todo Incluido* de su *lab-pack* iba el cirujano perfecto, con el cual soñó desde sus *teens*.

Ahora, en sus segundos tas, va en la cirugía número "*ya dejé de contar*". Él no entiende qué pasa: tres cambios de tamaño de senos, dos *lipos* e innumerables *bótox* después, ella aún no es feliz.

Y la verdad es que él tampoco. Ambos viven su doble vida, ella alimentando su desorden alimenticio, él buscando *teens* que alivianen los *tas* –suyos y los de su mujer.

Los domingos los ves desayunando juntos. Ya están más allá de tener algo que decirse, pero ahí siguen, cordiales el uno con el otro, cada quien en la seguridad de su propio secreto.

De repente ella se siente triste. "¿Y si existiera algo más?", considera mientras ve a su esposo masticando la comida de la manera que a ella más le choca. Pero, "¿quién me dará mi siguiente *bótox?*" Piensa después aterrada: "no, *bótox* no, *cute trainer*", no se atreve ni siquiera a recordarlo; "¿cómo fue de un simple flirteo al *megaacostón?*... *wow*, qué viaje de adrenalina..."

Él, por su parte, piensa en su última *teenaventura*, que estuvo de lo más candente, y se sonríe gozoso ante el recuerdo. "Pero no puedo ir con ella a las fiestas de la Junta Directiva... Mejor no me meto a la catafixia". Decide contento, mientras gentilmente intercambia el periódico con su mujer.

Ella sigue tras sus *teens*, *tes* y *tas*, buscándolos en entrenadores, choferes y "amigos", en la siguiente conquista que le dará ese algo que siempre falta en su vida.

Él, ya resignado, acepta los estados de cuenta kilométricos de las tarjetas de crédito. Entre las *teenies* a las que hay que dar gusto para que luego no se pongan mal y la *dragon lady* que no deja de *shoppear*. Egoland se vuelve una aventura cada vez más difícil de costear.

Cuidado con el mundo de las apariencias y de las falsas salidas

No todo lo que brilla es oro. Lo que el mundo dice que es bueno, en la gran mayoría de los casos dista de serlo. Ten cuidado.

Los desórdenes alimenticios son la antesala a otras adicciones. Piensa, si no puedes tener una relación libre de conflicto con un pedazo de lechuga, ¿crees que podrás entablar una relación sana con otro ser humano?

Todo cuanto atraigas desde tu adicción será o leña o viento que alimente el fuego de la hoguera en el que te consumes.

Fluye con la vida

La vida es una serie de transiciones. Tu ligereza para soltar lo conocido y abrirte a lo desconocido es lo que hace que la transición ocurra de forma natural. La felicidad está totalmente ligada a tu capacidad de adaptarte a los continuos cambios y a sobrellevar la incertidumbre.

Enfrentarte a todos los sentimientos de los que has venido huyendo será a ratos duro, pero no tan duro como huir de ellos el resto de tu vida.

La transición de la adolescencia es un reto a enfrentar; el mundo de tu infancia conocida está quedando atrás. Tienes toda la razón para estar triste. Sientes que el suelo debajo de ti se mueve, y justo cuando crees que ya te equilibraste, te lo vuelven a mover. La etapa por la que estás pasando es uno de los pasos más interesantes y complicados de la vida. Estás llena de fuego y pasión; nunca, nunca los pierdas, pero no te consumas en ellos. En esta fase de tu vida empiezan las preguntas tan antiguas como el ser humano mismo: ¿Quién soy? ¿Qué quiero? ¿Qué haré con el resto de mi vida?

Aprende a pensar y aprende a hacerlo por ti mismo

Observa a la gente. Hay seres que nacen, se reproducen, se van y nunca supieron ni por qué estuvieron aquí.

Tener un pensamiento, una opinión propia, por más *tarada* que te parezca, es mucho más valioso que tener sólo una opinión común, la que todos siguen. Te voy a decir algo un poco triste: la gran mayoría de las personas nunca se forman opiniones, sino sólo siguen las de los demás. Aunque te parezca chiste, hay gente que nunca es capaz de tener una sola opinión propia en toda su vida.

Nunca dejes de hacer preguntas. En el cuestionamiento está el gran hallazgo. Todo ser humano que ha hecho algo extraordinario y único en la vida fue porque se hizo las preguntas correctas.

Aprende a buscar héroes. Ve más allá de lo superficial. Ser guapa, delgada y popular no te garantiza la felicidad.

Participantes
del show A B C

Ana Carolina Restón
Realizó la mayor parte de su carrera en México. Falleció víctima de anorexia el 15 de noviembre de 2006 como consecuencia de una septicemia por insuficiencia renal. Medía 1.72 m de estatura y pesaba 40 kilos. Tenía 21 años.

Claudia Liz
Célebre modelo brasileña. Tiene 28 años. Su silueta no es de una anoréxica. Para poder bajar 2 kg más y seguir trabajando se sometió a una liposucción. Estuvo cuatro días en coma.

Valeria Mazza
Famosa modelo argentina. Mide 1.77 y pesa 56 kilos. Fue excluida de un desfile del diseñador Gian Franco Ferré por motivos de sobrepeso. Búscala en Internet para que tú misma veas el absurdo juicio de la moda que la tacha de "gordita". Verás que es una mujer hermosa tal como es.

Barbie

Barbie es la famosa muñeca con la que la mayoría de nosotras jugó.

Si Barbie fuera humana, tendría una estatura de 1.68 m y pesaría 49.5 kg. Tendría 100 cm de busto, una cintura de 46 cm y 84 cm de caderas.

Entiéndelo: esto es una muñeca, no es real.

Karen Carpenter (1950-1983)

Integrante del grupo musical The Carpenters. Falleció a los 32 años por una deficiencia cardíaca después de una década de lucha con anorexia.

Conchis la víctima contra Ana la tirana...

¿quién gana?

El que ríe
al último
ríe mejor

Ana, al matarse de hambre, sólo alimentó a su Conchis mental. **Resultado:** Ambas pierden. Una enfermedad tratando de apoderarse del control es precisamente lo que las lleva a ambas a la muerte.

La neta del planeta

¡¡Uf!! ¡Casi y no llego! El nervio de ganarme este premio me hizo vomitar casi tan naturalmente como respirar. ¡Por suerte me encontraron en el baño justo a tiempo para maquillarme y venir por él.

¡Bola de wannabes! No saben en la que se meten... En el fondo las envidio por no tener que estar de este lado del negocio...

Les agradezco mucho a mis fans... bla, bla, bla, bla, bla, bla, bla...

Tarjetones de alerta

Alertas para *cachar* a Ana y a Ana no restrictiva:

1. Estar continuamente a dieta, aunque no tengan sobrepeso

2. Sentirse gorda aunque no exista sobrepeso

3. Preocupación y peculiaridades alrededor de la comida (cómo debe ser preparada, cómo se utilizan los utensilios, cómo se juega con la comida en el plato)

4. Negación del hambre

5. Encerrarse en la baño justo después de comer

6. Rutina de ejercicio excesiva

7. Hiperactividad

8. Uso constante de la báscula

9. Uso de laxantes y diuréticos para controlar el peso

10. Quejas de abotagamiento o náusea al comer aunque sea pequeñas cantidades

11. Presencia intermitente de períodos de comer en exceso y sin control

Alertas para *cachar* a anorexia no restrictiva, bulimia, bulimarexia y síndrome del comedor compulsivo:

1. Nudillos con lesiones provocadas por los dientes (no aplica a comedores compulsivos)

2. Cara, pies y manos hinchadas

3. Conducta depresiva y en ocasiones ansiosa, cambios de humor repentino, conducta olvidadiza

4. Dietas estrictas seguidas por atracones

5. Comer compulsivo frecuente, sobre todo cuando se está bajo presión

6. Consumo de comida alta en calorías (en muchos casos dulce)

7. Esconderse a comer

8. Sentimiento de culpa y vergüenza alrededor de la comida

9. Mantener la conducta de *atracón-purga* en secreto

10. Enfoque mental al planear los atracones o buscar oportunidades para hacerlo

11. Estar fuera de control

12. Desaparecer después de una comida

13. Depresión en continuo incremento

14. Mal manejo de finanzas (pacientes han reportado llegar a bancarrota para sostener el hábito)

15. Baja autoestima

16. Depresión

17. Angustia

18. Ansiedad

19. Uso de laxantes, diuréticos, pastillas para dormir y adelgazar

20. Conductas automutilantes

21. Tendencias suicidas

22. Desapego paulatino pero constante de todo y todos (en ocaciones no aplica a comedores compulsivos)

Cómo escoger un terapeuta

Tu terapeuta te proveerá de un espacio para contenerte a ti, tus pensamientos, tus sentimientos... a todo aquello intangible que duele.

Tienes que hablar de esto con alguien

La carga es demasiado pesada para llevarla sola. Necesitas que alguien te escuche, te comprenda, en quien confíes y con quien estés dispuesta a hablar de todo aquello que te has venido escondiendo.

Lo primero que el/la terapeuta te debe inspirar es una confianza y seguridad absoluta. Debe ser alguien en cuya presencia tú te sientas relajado, aceptado; alguien que despierte en ti el deseo de abrirte. Tiene que haber una especie de química, de clic; de lo contrario, será muy difícil que puedas soltarte con él/ella completamente. Con seguridad alguna vez te ha pasado que alguien te cae bien y ni siquiera hablaste con la persona. No sabes explicar por qué, pero sabes que te simpatizó. Hay una sensación de comodidad o incluso cierta callada familiaridad en el aire.

El trabajo durante tu espacio de terapia es importante, pero el trabajo individual es el determinante. No es lo que hagas durante la hora de tu terapia lo que determina el progreso, es lo que tú hagas entre una sesión y otra lo que hace toda la diferencia del mundo.

Enfrentar los sentimientos que no quieres reconocer te será a ratos duro, pero no tan duro como pretender huir de ellos el resto de tu vida.

Busca ayuda

Tipo de terapia recomendada:

- Programación neurolingüística
- Holografic repaterning
- Terapia Gestalt
- Psicología humanista

Bibliografía

Adler, A., *El sentido de la vida*, México, Latinoamericana, 1968.

Andreas, C., *Core Transformations: Spirituality* en N.L.P. Box y F. Moab, Real People Press, Utah, 1994.

Bruch, H., *The Golden Cage: The enigma of Anorexia Nervosa*, Cambridge, Massachusetts, Harvard University Press, 1978. (1973) *Eating Disorders*, Nueva York, Basic Books, 1983.

Cauwels, J.M., *Bulimia: The Binge-Purge Compulsion*, Nueva York, Double Day & Company, 1983.

Cherning, K., *Reflections on the Tyranny of Slenderness*, Nueva York, Harper & Row, 1981.

Dethlefsen, T., D. Ruediger, *La enfermedad como camino*, Debolsillo, 2004.

Erikson, E., *Insight & Responsibility*, Nueva York, W.W. Norton, 1964.

Frankl, V., *Psicoanálisis y existencialismo*, México, Fondo de Cultura Económica, México, 1978.

_____, *El hombre en busca de sentido*, Herder, 2ª ed., Barcelona, 2004.

Freud, S., "El Yo y el Ello", en Sigmund Freud, *Obras Completas*, 3a. ed., tomo III, Biblioteca Nueva, Madrid, 1973.

Fromm, E., *Escape from Freedom*, Avon Books, Nueva York, 1969.

Gurdjieff, I., *El mensajero del bien venidero. Primer llamamiento a la humanidad contemporánea*, Humanitas, Barcelona, 2000.

Hay, L., *Ámate y sana tu vida*, México, Diana, 1990.

Jung, C.G., *Synchronicity: An Acausal Connecting Principle*, vol. 8, *Collected Works: Jung Extracts S*, Routledge, Nueva York, 1985.

_____, *Los arquetipos y lo inconsciente colectivo*, Trotta, Madrid, 2002.

Lazaris, *El camino sagrado*, México, Cocreación.

Moore, T., *El cuidado del alma* Ediciones Urano, Barcelona, 1993.

Neuman, P.A. y P.A. Halvorson, *Anorexia Nervosa and Bulimia: A Handbook for Counselors and Therapists*, New York, Van Nostrand Reinhold, 1983.

Osho, *Intuition: Knowing beyond Logic*, Osho International Foundation, Zurich, 2001.

Peck, M.S., *La nueva psicología del amor*, Buenos Aires, Emece Editores, 1986.

Perls, F.S., *Gestalt Therapy Verbatim*, New York, Bantam Books, 1976.

Rogers, C.R. y B. Stevens, *Person to Person: The Problem of Being Human*, Nueva York, Real People Press, 1967.

Sacker, I., *Dying to be Thin*, Nueva York, Warner Books, 1987.

Villanueva R., M., *Más allá del principio de autodestrucción*, México, Manual Moderno, 1988.

Weitzner, A., *Más allá del laberinto. El camino hacia la recuperación de Anorexia Nervosa y Bulimia*, México, Pax, 2007.

Palabras para el camino

Dios es mi padre

La naturaleza es mi madre

El Universo es mi camino

Eternidad es mi reino

Inmortalidad es mi vida

La mente es mi casa

Verdad es mi alabanza

Amor es mi ley

Forma es mi manifestación

Conciencia es mi guía

Paz es mi refugio

Experiencia es mi escuela

Obstáculo es mi lección

Dificultad es mi estímulo

Júbilo es mi himno

Dolor es mi advertencia

Trabajo es mi bendición

Luz, mi realización

Amigo es mi compañero

Adversario es mi instructor

Vecino es mi hermano

Lucha es mi oportunidad

Tiempo futuro es mi promesa

Equilibrio es mi actitud

Orden es mi camino

Belleza del alma es mi ideal

Evolución es mi destino[9]

---

[9] Anónimo, citado por H. Sherman, *How to See and Control your Future*, Nueva York, Information Inc., 1970.

A ti que has leído este libro

Siento como si nos hubiéramos aventado un viaje épico megaveloz a la adolescencia y de regreso.

A ratos no puedo evitar desear que el final de muchas historias hubiera sido diferente... Pero *hubiera* es el tiempo más tonto del verbo haber.

Pero si *pudiera* pedir un deseo, sería que toda la luz, todas las risas, todos los momentos súper que yo me perdí, los tengas tú.

Crecer con elegancia es tomar el atajo legítimo de la experiencia de otro; es llevarse la sabiduría sin el dolor.

Te llevas valiosos testimonios. Testimonios de personas que cayeron y salieron, y de las que cayeron y se fueron.

Ahórrate dolorosos golpes. Eres inteligente. Sé que lo harás.

Tienes todo para lograrlo. Los acuerdos que firmes contigo durante esta etapa determinarán las siguientes décadas de tu vida.

Es hora de tomar nuevas decisiones.

Tu futuro está en tus manos: crece con elegancia; atrévete a descubrir tu propio camino. El sendero del autodescubrimiento es el inicio de un viaje que dura toda la vida.

La felicidad no es un puerto sino una forma de navegar. Cada paso que das, deja una huella para que otros sigan detrás.

Tus actos en la vida hacen eco en la eternidad.

Acerca de la autora

Andrea Weitzner, nacida en México en 1968, estudió Relaciones Internacionales en la Universidad Iberoamericana, y un diplomado en Cranfield, Inglaterra, títulos puestos en práctica durante los siguientes años de su vida en Suiza. Dando un cambio radical a su carrera, se unió como directora de comunicaciones a Medical Mission International (MMI –organización nominada al Premio Nóbel de la Paz), promoviendo la transferencia de recursos y conocimientos entre el primer mundo y el mundo en vías de desarrollo.

En 2006, regresó a México para la realización de una consultoría para la preservación de Costa Careyes, mismo año en el que comenzó a escribir la serie de concientización en el tema "desórdenes alimenticios".

Visite las páginas web de la autora:

www.desordenesalimenticios.com.mx

www.desordenesalimenticios.org

Te invitamos a leer, de la misma autora:

El camino hacia la recuperación
de anorexia, bulimia y comer
compulsivo. El laberinto y más allá

Esta obra se terminó de imprimir
en septiembre de 2007, en los Talleres de

IREMA, S.A. de C.V.
Oculistas No. 43, Col. Sifón
09400, Iztapalapa, D.F.